EL PASAJE DE LOS PANORAMAS

ASÍ HEMOS HECHO ESTE LIBRO

Salvo casos excepcionales, trabajamos con una empresa papelera que funciona con biocombustibles locales y se abastece de los bosques cercanos, que gestiona de forma estrictamente sostenible. Ha implantado voluntariamente el Reglamento de la Unión Europea de Ecogestión y Ecoauditoría, y WWF la considera una de las fábricas más sostenibles del mundo.

Allí fabrican el papel interior y exterior con el que se ha hecho este libro, con unas emisiones certificadas de 365 kg de CO_2 por tonelada de papel: un 50 % menos que la media europea y un 75 % menos que la media española. En otras palabras: uno de los papeles más sostenibles del mercado (además de tener las certificaciones FSC, PEFC, ISO9001, ISO14001 y EU Ecolabel).

Uno de los mayores problemas ecológicos a la hora de fabricar papel (y de hacer libros) es el consumo de agua: la media europea está entre 10 y 15 litros por kilo según la European Enviromental Agency. La fabricación del papel interior y exterior de este libro ha consumido sólo entre 3 y 4 litros.

Queremos eliminar todos los materiales de origen fósil de nuestros libros y de nuestro trabajo. Por eso este libro no está plastificado (si lo estuviera, su tirada habría consumido más de 500 m² de plástico).

El transporte del papel desde la empresa papelera hasta la imprenta se hace, en buena medida, en trenes de larga distancia, e imprimimos a menos de 300 km de nuestra oficina, todo lo cual nos permite reducir notablemente las emisiones contaminantes.

Una vez fabricados los libros, los envíos que dependen de nosotros se realizan mediante una mensajería ecológica: el 100 % de las recogidas y buena parte de las entregas se hacen andando o en bici. Para las entregas que no se pueden hacer sin medios motorizados hemos elegido a la mensajería con el plan de reducción de emisiones más ambicioso para 2025.

Toda la energía utilizada para editar este libro es 100 % energía verde renovable y certificada. Además proviene de una cooperativa de la que nuestra editorial es miembro, de modo que consumimos la energía que previamente producimos en instalaciones solares, eólicas o de biomasa.

Todos los recursos económicos utilizados para editar este libro estaban depositados en la banca ética, y allí llegarán también los beneficios (¡esperemos que los haya!). De este modo garantizamos que este dinero sólo revertirá sobre proyectos sostenibles, con un interés social, cultural y medioambiental, sin inversiones en la economía de las energías fósiles.

Si quieres más información sobre estas cuestiones puedes leer el apartado «Compromisos» de nuestra página web o escribirnos a info@erratanaturae.com.

UNA MUJER AFORTUNADA

HISTORIA DE UNA MÉDICA RURAL

POLLY MORLAND

CON FOTOGRAFÍAS DE RICHARD BAKER

TRADUCCIÓN DE VANESA GARCÍA CAZORLA

errata naturae

PRIMERA EDICIÓN: octubre de 2024
TÍTULO ORIGINAL: *A Fortunate Woman.*
A Country Doctor's Story

© del texto, Polly Morland, 2022
© de las fotografías, Richard Baker, 2022
© de la traducción, Vanesa García Cazorla, 2024
© Errata naturae editores, 2024
C/ Sebastián Elcano 32, oficina 25
28012 Madrid
info@erratanaturae.com
www.erratanaturae.com

ISBN: 978-84-19158-77-2
DEPÓSITO LEGAL: M-15600-2024
CÓDIGO BIC: FA
MAQUETACIÓN: Jorge García Valcárcel
IMAGEN DE PORTADA: *Winter Stroll,* © Ryo Takemasa, 2024
IMPRESIÓN: Kadmos
IMPRESO EN ESPAÑA – PRINTED IN SPAIN

Este libro está dedicado a R.,
a quien concierne,
y a Pat Williams (1931-2020),
que encendió la chispa.

«Ahora el paciente es el protagonista».

JOHN BERGER, *Un hombre afortunado*

PRÓLOGO

Un paisaje no sabe quién construirá una vida entre sus pliegues y ondulaciones, quién caminará por sus senderos y respirará su aire.

Un paisaje es ajeno a quién nace o quién muere. Fuera, al otro lado de la ventana, el canto de sus pájaros. Si alguien llega a amar el olor de sus bosques tras la lluvia o encuentra esperanza en el sol naciente que barre las sombras por sus flancos, es asunto suyo y sólo suyo. Un paisaje se asemeja a un libro: no sabe quién lo leerá ni cómo sus historias darán forma a las vidas de las personas.

Encontré un libro que nadie había abierto en casi cincuenta años. Hacía media vida que se había caído detrás de la biblioteca de mis padres, pero jamás llegó a tocar el suelo, sino que, enganchado en un puntal metálico, colgaba en el aire, suspendido. Una edición antigua, en rústica, de *Un hombre afortunado*, de John Berger, publicado por Penguin, todavía con el precio: cuarenta y cinco peniques de los nuevos o nueve chelines.

Corría el verano de 2020 y estaba vaciando la casa de mis padres. Mi padre había muerto mucho tiempo atrás, y mi madre, entonces con más de ochenta años, padecía de alzhéimer. Su último año allí había sido aterrador y caótico; un año en el que se sucedieron los médicos y los paramédicos, las enfermeras y los trabajadores sociales, todos muy bienintencionados y profesionales, pero ninguno de ellos había conocido a mi madre antes de que se desarrollara la enfermedad ni se quedó el tiempo suficiente como para llegar a conocerla. Lo que vino después fue un rosario de estancias en el hospital que culminaron en un contagio de COVID-19. Finalmente, puesto que el virus se estaba propagando en el ala del hospital destinada a ancianos con enfermedades agudas, la trasladaron a un geriátrico. Así las cosas, me vi obligada a vaciar y vender la casa que ella y mi padre habían compartido.

Rodeada de cajas, de cajones de embalaje y de las ruinas de una larga vida, saqué el libro de detrás de las estanterías y le quité el polvo. Aunque se había publicado por primera vez en 1967, aquella edición era de 1971, lo que significaba, según advertí, que mi madre había comprado

Un hombre afortunado cuando estaba embarazada de mí. En la portada se leía: la historia de un médico rural. Debajo, una foto en blanco y negro, borrosa debido al movimiento, de un hombre en mangas de camisa empuñando un fórceps largo y curvado y la silueta de un paciente tumbado en una cama detrás de él. Abrí el libro y en la primera página me sorprendió encontrarme con una fotografía a doble página.

En la imagen se veía un río, sus orillas cubiertas por una hierba alta, espesa y agreste que se inclinaba hacia un amplio campo bordeado por setos. Un precioso y solitario roble cargado de hojas atrae la mirada hacia las laderas del valle, oscurecidas por unos tupidos bosques, bajo un cielo inglés uniforme y pálido. Perfilándose a contraluz en la claridad de la mañana, dos hombres pescan a bordo de un pequeño esquife, uno a los remos y el otro caña en ristre. Sus reflejos en el agua, entre unos remolinos y unas laberínticas manchas que insinúan la corriente que fluye debajo, son tan nítidos como un espejo.

Conocía ese río, ese campo. Conocía ese árbol. Cuando aquella mañana temprano salí para recorrer en mi coche los ciento cincuenta kilómetros que separaban mi casa de la de mi madre, en las Midlands, yo misma podría haber tomado una fotografía parecida.

Allí, sumergida hasta las rodillas en un maremágnum de objetos y recuerdos familiares, escudriñé las páginas del libro en busca de topónimos que me sonaran y, en vista de que no encontré ninguno, tecleé el título en el móvil. Como era de esperar, *Un hombre afortunado* se desarrolla en el mismo valle, remoto y rural, que ha sido mi hogar en la última década. Es el relato de las seis semanas de 1966 que el crítico y escritor John Berger y el fotógrafo Jean Mohr dedicaron a documentar el trabajo del médico local. Eso fue precisamente lo que hizo que se me parara el corazón, pues ése no sólo era mi hogar, mi valle, sino que también conocía a la doctora, la sucesora de aquél, la mujer que hoy atiende a los habitantes de este lugar. Sabía que las dos éramos más o menos de la misma edad, casi la misma del ejemplar que tenía en las manos. Sabía que la doctora llevaba veinte años repartiendo su tiempo entre los dos consultorios gemelos que hay en sendas vertientes del valle. Sabía que la gente confiaba en ella y que ella amaba su trabajo, que rara vez se tomaba un día libre. Sabía que los pacientes comentaban lo inusual que es hoy en día contar con un médico de familia como ella, casi un vestigio del pasado. Tal vez fuera una mujer afortunada, como su predecesor, pero a continuación pensé: «Dios mío, menuda época para ser médico».

De una cosa sí estaba segura: algo, urgente e irresistible, se había alineado; algo que conectaba esos meses, tan medicalizados e impersonales de un modo tan extraño, con la vida de mi querida madre y con el libro que había encontrado por casualidad en la casa que ella había tenido que abandonar; algo que conectaba al autor del libro conmigo, un lugar, un paisaje, una historia; sobre todo, algo que, de pronto, unía al médico que aparecía en la portada del libro de bolsillo que sostenía en la mano y a una mujer que hoy conozco, una doctora sencilla que

17

sigue sus pasos. Aún no sabía cómo ni por qué, pero todo parecía entreverado, al igual que un río que surca un paisaje se engarza en él.

En *Un hombre afortunado* nunca se nombra la localidad en la que se desarrolla ni se identifica a los pacientes del médico cuyas historias se cuentan. «Ninguno de los casos clínicos de este libro», reza la página de créditos, «se refiere a personas concretas; cada uno se ha compuesto a partir de varios casos». Incluso el nombre del doctor, John Sassall, es un pseudónimo. Más que hacer un reportaje periodístico propiamente dicho, Berger tamizó los detalles sutiles de la vida de ese médico rural y de su comunidad, y los cribó como quien criba el limo de un río en busca de oro. La consiguiente reflexión sobre la naturaleza de la relación médico-paciente convirtió a Sassall en un dechado de empatía y dedicación, e hizo del texto un clásico, por más que no sea demasiado conocido. Hoy por hoy, *Un hombre afortunado* sigue siendo muy apreciado por los facultativos, citado a menudo en la literatura médica y un título habitual en las bibliografías recomendadas a los futuros profesionales.

A pesar de su seminal importancia, el mundo ha cambiado mucho en el medio siglo transcurrido desde que se escribió. La medicina es diferente. La vida rural es diferente. La sociedad, la clase, el género, todo ha dado un giro de ciento ochenta grados desde los años sesenta. Los médicos también son distintos, sobre todo si consideramos que, en atención primaria, mucho más de la mitad de ellos son ahora mujeres. Aparte de la pandemia, que estaba en pleno apogeo, ¿acaso mi fortuito descubrimiento, ese involuntario regalo de mi madre, me ofrecía una oportunidad, incluso la obligación, de volver a examinar aquella historia de un médico rural con una mirada nueva?

Dejé el libro a un lado, envié un correo electrónico a la doctora y, en menos de una hora, me había contestado. Sí, conocía el libro. Sí, había desempeñado un papel extraordinario en su propia historia y me lo explicaría. Y, sí, sí, deberíamos vernos. Si hiciera buen tiempo, escribió, podríamos sentarnos a charlar en el viejo banco que el sacristán de la parroquia había rescatado de la renovación de la iglesia del pueblo y colocado en un montículo en el húmedo prado detrás de su consulta. Así comenzamos la doctora y yo, entre orquídeas de los arroyos, anémonas de los bosques y el canto de los pájaros.

Lo que contaré a continuación fue estructurándose a lo largo de los siguientes doce meses. Nuestro primer encuentro en aquel prado se produjo durante la calma tras la primera ola de la pandemia de COVID, pero no pasó mucho tiempo antes de que llegara la segunda. Por necesidad, la cautela dio paso a la conversación. A los médicos de cabecera se les enseña a escuchar, dijo, por lo que es poco frecuente que hablen. Sin embargo, fue precisamente eso lo que dio pie a que la historia no se limitara a la emergencia del momento. Dábamos largos paseos, de varias horas cada uno, por los bosques del valle inclinando nuestras linternas frontales para alumbrar la vereda, envuelta en la oscuridad invernal o, con el paso de los meses, por ese mismo bosque moteado de sol primaveral, por el que los perros de la doctora correteaban a sus anchas. Mientras caminábamos, ella me hablaba de su vida, de lo que era y de lo que significaba ser médico en un lugar como éste, en un momento como aquél.

No es que lo que hacía estuviera fuera de lo común; necesitaba que yo entendiera eso. En muchos sentidos, era como cualquier médico de cabecera, salvo por el afortunado giro del destino que la había traído a este valle, esta consulta, esta comunidad, pues tal es la naturaleza del paisaje de esta tierra y de las personas que aquí tienen su hogar que configura, de hecho exige, un ejercicio de la medicina que está desapareciendo a toda velocidad, como mi madre y yo sabíamos muy bien. En pocas palabras: es una doctora que conoce a sus pacientes. Es la guardiana de sus historias; testigo, a lo largo de los años y una generación tras otra, de la infinita diversidad de sus vidas. Dice que esas historias son su trabajo. Son lo que la sostiene, incluso en tiempos tan duros...

Éste es un relato verídico. Cuanto aparece en las páginas que siguen ocurrió de alguna forma, en algún momento, durante la vida laboral de la doctora. Con todo, la confidencialidad que protege a los pacientes es sacrosanta, amparada tanto por la obligación ética como por la ley. Por eso los detalles concretos de las consultas se han recreado y reconfigurado para dar lugar a personas que son la amalgama de otras tantas, de manera que resulten irreconocibles. En todos los relatos menos en tres, en los que habría sido imposible preservar el anonimato y en los que el paciente dio su consentimiento, ningún historial clínico se refiere a un solo individuo. Periódicamente, cuando el confinamiento lo permitía, se nos unía en el valle un antiguo colaborador mío, el fotógrafo Richard Baker. Es preciso señalar que ninguna de las personas de las fotografías aparece en el libro. Preservar la confidencialidad fue nuestra prioridad en todo el proceso. Según explicó la doctora, era la única forma en que podía mostrar la parte esencial de su labor. «Adoro mi trabajo», me escribió antes de nuestro primer paseo, «así que no se me ocurre nada más importante que la confianza de mis pacientes».

Y éste me parece el punto de partida perfecto.

I

El hombre, al entrar en la estancia, deja a su paso un leve pero penetrante olor a oveja. «Buenas». Pronuncia esta palabra como si tuviera una única sílaba. Se agacha soltando una exhalación aguda y metálica, y se sienta en la silla que hay junto al escritorio y que cruje con su peso. Es uno de esos pacientes poco dados a molestar a la doctora con achaques menores. Ella disimula la preocupación que le causa su presencia gastando bromas sobre lo húmedo que está el tiempo. Acto seguido aparta su asiento del escritorio para mirarlo y, acomodándose con las manos cruzadas en el regazo, postura que sabe que tranquiliza a sus pacientes, le pregunta en qué puede ayudarle.

«El pecho, doctora». Hace una pausa. «Una tos cavernosa. No se me va». Ella le dice que le echará un vistazo a su garganta y le auscultará. Él abre de par en par la boca, llena de empastes; con la mirada hacia la pared.

Mientras se desabrocha la camisa, de franela y a cuadros, para acoger el frío estetoscopio, la doctora le pregunta por su mujer y comenta lo que la alegra saber que Mary está «mucho mejor y eso». Pero el hombre no sonríe. Ella observa su rostro y escucha: primero un lado, que parece un barril; luego el otro. Su respiración suena como los pulmones de los viejos que se han pasado la vida entre el heno, la paja y los insecticidas para ovejas: sibilante aunque no de una forma inusual.

«Fue la parienta quien me pidió que viniera».

Su rostro está más gris que de costumbre, cuando se lo encuentra por los caminos en su camioneta y lo adelanta. Puede que Mary estuviera preocupada por algo, le dice mientras le ayuda a quitarse una manga y se coloca tras su amplia y peluda espalda. Él no responde, pero la doctora le percibe una extraña inmovilidad en los hombros. Coloca el estetoscopio, escucha a derecha e izquierda.

«Claro que, si no es nada», dice el hombre extendiendo ambas manos hacia los brazos de la silla y haciendo ademán de levantarse, «¿me puedo ir?».

La doctora le toca el hombro para detenerlo y ganar tiempo. Le pregunta cómo van las cosas en la colina, le toma la tensión, el pulso y la temperatura. Suele repetir, aunque sólo medio en broma, que los granjeros son siempre más ricos y perspicaces de lo que parecen. Últimamente no ve a tantos. La verdad es que admira esas inteligencias moldeadas fuera de la educación convencional y, si bien no le facilita el trabajo, la conmueve ese modo de vida marcado por el estoicismo de un mundo antiguo. Le hace pensar en el viento que sopla en los labios del valle y en cómo ha torcido las ramas de los árboles que allí crecen para que resistan incluso las inclemencias más rigurosas. Conoce a un médico de urgencias de un hospital cercano que no deja que se le dé el alta a ningún granjero sin que antes visite a un especialista: el mero hecho de que estén allí suele ser un indicio de algo grave. Ahora, mientras él vuelve a ocultar su descomunal espalda bajo la camisa, ella menciona la cojera que le ha notado al llegar. «Tú no sueles cojear», advierte, y le pregunta si le duele algo. Lo llama por su nombre de pila, le mira a los ojos. Él se encoge de hombros de un modo apenas perceptible. «Supongo que cojeo, sí, doctora», reconoce, y ahueca instintivamente la palma de la mano en la parte superior de su muslo derecho. «El otro día me peleé con una puerta».

Retazo a retazo, va desgranando la historia. El forcejeo se produjo dos semanas atrás. Desde entonces anda dolorido. Le da la sensación de tener una pierna más corta que la otra. La doctora le dice que deberá hacerse una radiografía para descartar cualquier posible fisura.

«Pero es que estamos de parición. Y quedan unas doscientas ovejas, conque...». Ella imagina la paridera, arrebujada en un manto de bosque en la cumbre que se alza a menos de un kilómetro del pueblo, y le pregunta cómo se las arregla, con esa pierna dolorida, para ayudar a parir a las ovejas.

«Me arrastro».

Él hace una pausa. Ella aguarda.

«Después del parto, yo solo, ya sabe, apoyo las manos y las rodillas en la camada y me valgo de una escalerita que tenemos a un lado para incorporarme». La mira fijamente: una colegiala que lleva veinte años siendo su médica. «Tampoco es el fin del mundo, doctora».

Ella vuelve a girar la silla hacia el ordenador del escritorio y, amable pero firme, concierta una cita para una radiografía un par de horas después en el hospital del bosque, no sin antes comprobar que su paciente puede llegar hasta allí sin una ambulancia.

«Si es necesario... me lleva mi chaval. Está esperándome en la camioneta».

La doctora se acerca para ayudarle a levantarse, pero él alza un dedo para detenerla, se pone en pie tambaleándose y se marcha cojeando por el pasillo. «Ve con cuidado», le dice ella mientras se aleja.

Esa misma tarde, la doctora recibe una llamada del radiólogo del hospital. El granjero se ha fracturado el cuello del fémur derecho. Ella, muy sorprendida, le pregunta si podría haberse caído después de que ella lo haya examinado, pero la respuesta es no. Lleva quince días con la cadera rota, caminando y ayudando a las ovejas a parir.

Unas semanas después de que lo operen, la doctora le hace una visita para ver cómo se recupera. Irritado, le habla de la fisioterapia que debe hacer a continuación. «Una sarta de tonterías. Eso es lo que es. Me dijeron que usara un trozo de elástico no más grande que un condón. ¿Has visto mi tamaño?». Y, cortés, le muestra la puerta.

A menos de dos kilómetros de la granja, la tierra, esculpida por el río, presenta un declive. Los pastos dan paso a despeñaderos y escarpados peñascos entretejidos con antiguos bosques y salpicados de retazos de vidas pasadas: un laberinto de viejos muros de piedra seca, caminos enmarañados que no conducen a ninguna parte, antiguas zanjas de ferrocarril grávidas de zarzas y ajos de oso cuyo único tráfico son ahora los ciervos y los tejones. Como si se ajustara no al tiempo humano, sino al de los árboles, este valle habla del poder de la naturaleza para reafirmarse entre el trasiego del ser humano. El puñado de aldeas que se encuentran en él o se encaraman a sus laderas parecen terrenos ganados a un mar verde.

En marzo de 1967 la BBC emitió un documental que debía coincidir con la publicación de *Un hombre afortunado*, de John Berger. Se abre con un metraje granulado del médico rural vestido con gabardina y conduciendo su Land Rover. Baja por un empinado sendero nemoroso, sube por la joroba de un puente para encontrarse de frente con un talud de oscuro bosque y luego atraviesa un pueblo separado de un plateado recodo del río por una delgada franja de cultivos. Más de medio siglo después, a través del parabrisas moteado de lluvia, resultan familiares, de un modo extraño, no meramente los contornos del paisaje, sino gran parte de los detalles: las barandillas del puente, la línea del cercado de los labrantíos, la posición de las señales de tráfico y la inclinación de los tejados, la luz reflejándose en el agua, las ramas extendidas de los árboles... El mundo de entonces presentaba el mismo semblante que el de ahora, intacto, o eso parece, como si esta tierra fuera indiferente al paso del tiempo.

Más de cincuenta años después, la comunidad sigue siendo rural, nominalmente al menos, y el ritmo de vida no abandona su languidez ni en los días ajetreados. Hay granjeros, claro que menos que antes, y también leñadores, aunque hoy en día tienden a llamarse a sí mismos «cirujanos de árboles». Si bien crían ovejas o abejas, no son tantos los habitantes que se ganan la vida así. El valle nunca fue un centro agrícola, jamás albergó las vastas y ricas granjas de las llanuras aluviales situadas más al norte. Muchos se ganaban el pan en las canteras o en las pequeñas factorías de las ciudades cercanas, fabricando calderas de vapor o radiadores, refrescos de fruta o neumáticos para camiones. Pero en sus casas nunca faltaban pequeñas parcelas ni manzanares para hacer su propia sidra que se extendían colina abajo hasta el río. No hace tanto tiempo, desde luego en una época que todavía alcanza la memoria de los vecinos, que las familias, en su mayoría, tenían una vaca en la parte trasera que les proveía de leche o quizá un par de cerdos, y todas se juntaban en la época de la siega del heno o para celebrar la cosecha. Sólo pequeños reductos de esa vida perduran en el presente.

El mundo moderno se ha ido abriendo paso poco a poco: un discreto poste 4G aquí, una antena parabólica en el tejado allá. De hecho, la burbuja del aislamiento, tan propia de este valle en el pasado, ha estallado en gran medida. Sí, hay familias que han vivido aquí durante generaciones y recuerdan la maya cada primavera, o aquel invierno en que nevó tanto que se formaron ventisqueros en los arcos de las callejuelas, o a aquel lugareño que había luchado en la guerra y que, apartándose de la humanidad, se retiró a una cueva en la parte baja del despeñadero y le crecieron líquenes en la barba. Sin embargo, a los de siempre se han incorporado ahora recién llegados, con historias diferentes, trabajos en otros lugares, hijos que se marchan, vidas que miran hacia fuera.

A la hora de cruzar el pueblo, uno de los atajos preferidos de la médica del valle es el camino que bordea el cementerio más allá de la herbosa colina de un torreón medieval desaparecido hace tiempo, y que conduce hasta las casas nuevas que quedan detrás de la antigua oficina de correos, que ya no es tal. Lo está recorriendo en bicicleta cuando ve a un hombre desasosegado por unas arrugas de su camisa cruzando el húmedo pasto en dirección a la iglesia. Entonces se detiene para observarlo. Ahora es alto y fornido y ella apenas le llega a los hombros, pero, puesto que es su doctora, lleva cuidando de él desde que era un niño.

Lo llama por su nombre de pila y él se gira sin dejar de caminar hacia la tapia del cementerio. Le dice lo contenta que está de que lo haya conseguido y él le explica que los exámenes finales no serán hasta dentro de unas semanas; por eso su tutor le ha dado luz verde para venir. «No podía faltar», afirma. Ella se interesa por el viaje; habrá tardado varias horas desde la universidad, en la otra punta del país. «Salí al amanecer», le explica él. «En el bus de las seis». La doctora le pregunta qué pieza tocará y el joven levanta una bolsa que contiene algunas partituras. «Bach y una elegía de Parry para el final... Además de los himnos, por supuesto». Se estira de nuevo la camisa. «¿Voy elegante? Me temo que se me ha arrugado en el autobús». Ella lo tranquiliza: en cualquier caso, nadie alcanzará a ver lo que lleva puesto en cuanto se siente al órgano. «Es que creo que estoy un poco nervioso», confiesa él, que luego asiente, mordiéndose en labio, cuando la médica menciona que a la anciana le encantaría que sea él quien toque. Le cuenta que le queda un par de consultas a domicilio, pero que volverá a tiempo para el servicio. Antes de marcharse, levanta las manos del manillar y cruza los dedos. El joven abre la vieja y chirriante puerta de la iglesia y desaparece en el interior.

La doctora se aleja pedaleando mientras su mente repasa su historia. Tenía diez años cuando, de un día para otro, su padre los abandonó, y la familia, su madre y sus dos hermanos, se sumió en un caos emocional y económico. Entonces se mudaron aquí desde la ciudad; durante los meses siguientes, habían visitado a menudo la consulta. Lo mismo que otra paciente, una mujer de sesenta y tantos años que vivía en el extremo opuesto del pueblo y que había perdido recientemente a su marido, muy mayor ya, y luchaba contra la soledad. Ni corta ni perezosa, la médica presentó a la madre y a la viuda, y de paso dejó caer una idea. ¿Quizá el chico, que echaba de menos sus clases y su instrumento, que se habían visto obligados a vender, podría practicar en el viejo Chappell que la viuda tenía en su salón?

Con el paso de los años, aquella amistad, tan improbable a primera vista, floreció. Las clases informales de piano, las meriendas improvisadas para los niños, los regalos de cumpleaños... Todo ello supuso un salvavidas para aquella madre sola y sus hijos. Más adelante, cuando la mujer mayor ya no podía conducir, los papeles se invirtieron: ellos le hacían la compra, le limpiaban la casa, la llevaban a la consulta. Y hoy aquel niño, ahora un hombre joven, tocará en el órgano a Bach y a Parry en su funeral.

El Sistema Nacional de Salud (NHS, siglas de National Health Service) podría denominar a esto «prescripción social» o «participación de los pacientes», «red de cuidados vecinales» tal vez, pero a la doctora le da igual cómo lo llamen. Entre sus colegas hay quienes sostienen que ésa no es tarea de un médico de cabecera, que implicarse en las necesidades sociales de sus pacientes, en un momento en que la atención primaria ya está desbordada, es la mejor manera de que todo se vaya a pique. Aun así, ella siente un escalofrío de emoción mientras sube en bicicleta por el hayedo que queda encima del pueblo pensando en la perfecta simetría de la ayuda dada y recibida. No es una soñadora; sabe que no hay ninguna panacea para un mundo lleno de desigualdades y dolor. No obstante, es capaz de distinguir esos instantes de luz que le procura conocer a su comunidad, establecer vínculos entre sus pacientes. Es algo que los médicos pueden hacer gracias la confianza depositada en ellos. Y es muy útil.

Aquel impulso temprano con el niño y el piano, hace ya más de una década, fue lo que dio forma a esta idea.

Está examinando la cadera, apergaminada y suave, de una mujer de unos setenta años. Dice que lleva doliéndole un tiempo. La doctora se frota los dedos para calentárselos y se disculpa porque están helados. «¡Santo cielo, es cierto!», exclama la mujer. «Como témpanos». Se ríen juntas de la faena que supone ser médico y tener siempre las manos frías. «Habrá que tejerle unos mitones», dice la mujer desde la camilla. La médica le levanta y le flexiona la pierna, girándola hacia afuera y hacia adentro, hacia adentro y hacia afuera. Conoce a esta paciente desde hace varios años y siempre le ha parecido alegre y parlanchina, una de esas mujeres que ven el vaso medio lleno, que hornean bizcochos para los vecinos y regalan a su médico de cabecera una lata de bombones Quality Street en Navidad. Pero hasta ahora nunca le ha visto las piernas, y una de ellas cuenta una historia diferente. Toca con una yema las lechosas ondulaciones de una vieja cicatriz que va casi desde la rodilla hasta la cadera izquierda, algo que le confiere al muslo el aspecto de una muñeca de trapo burdamente cosida. Le pregunta por ella.

«Tenía diez años», responde la mujer. «Creo que nunca se lo he mencionado, pero mi padre solía repartir gasolina casa por casa al otro lado del río y a veces lo acompañaba antes de ir al colegio. Fue en la época en que había bastantes gasolineras pequeñas en el valle. Mi padre trabajaba en una por las tardes, pero por la mañana cogía el camión, que tenía un depósito en la parte trasera, y hacía una ronda entre los propietarios de coches y tractores. ¿Dónde repostaría ahora? ¿En el pueblo? Lo mismo que todos. Pero, en mi infancia, eso era lo que hacía mi padre, y de cuando en cuando me llevaba con él para que le abriera los portones y demás».

Una nube ensombrece el rostro de la mujer. La doctora se detiene y le cubre la mitad inferior del cuerpo con un trozo de papel para camillas y el murmullo de un «¿ahí?». No le pregunta nada más. Escucha.

«Fue una de esas mañanas en las que la niebla que cubre el valle es densa como unas natillas. Te dejas caer colina abajo envuelta en ella y ni siquiera puedes verte las manos. Allí estaba yo, abriendo una verja, cuando un Ford Anglia azul dobló la curva a toda velocidad. El chaval que lo conducía dio un volantazo para no estrellarse contra el camión de mi padre y me arrolló a mí. Me estampó contra un poste que estaba detrás de un seto. No parecía mucho mayor que yo. Todavía recuerdo que al bajar la mirada hacia mi pierna vi el parachoques, que llevaba atada con una cuerda una L pintada en un trozo de una caja vieja. En fin, que me rompí este hueso grande… Una fractura bastante fea: pasé doce semanas con una férula de tracción en el hospital, y a mi madre no la dejaron quedarse conmigo. En aquella época no lo permitían. Luego estuve un año entero en casa, sin ir al colegio, porque no podía caminar. Entonces no te levantaban ni te paseaban, como ahora, así que…».

La mujer se queda callada. «¿Y cómo le afectó?», le pregunta la doctora. Por un momento es como si ella no hubiera oído la pregunta.

«Bueno, para empezar no me gusta nada la niebla», dice, y vuelve a hacer una pausa. «¿Sabe qué, doctora? Nadie me ha preguntado eso nunca, así que no me había parado a pensarlo. Pero, ahora que lo hago, bueno, aquello me arruinó la vida».

A medida que se suceden las consultas de la mañana, la médica intenta, sin conseguirlo, alejar de sí el desasosiego de ese encuentro, su inmensidad. El tiempo la deja perpleja: o bien está compartimentado en citas de diez minutos, o bien vuela inexorablemente desde la infancia hasta la vejez. Durante el resto del día, ella misma se siente envuelta en la bruma del río, donde nada es lo que parece.

La doctora estaba sentada en el muro del jardín del hombre cuando éste regresó.

Él se había despertado algo después de las cinco de la mañana de aquel sábado, justo cuando la luz del sol naciente daba en los tejados de las casas en el otro extremo del valle. Por encima de la algarabía del amanecer primaveral y del balido de un carnero solitario en el campo de abajo, oía el fragor de la sangre en sus oídos. Eso lo sacó de su sueño, eso o una extraña presión en el pecho, como si una mano invisible hubiera agarrado el pollo de la cena de la víspera y estuviera estrujándolo en su interior. Su mujer se había despertado y él le dijo que estaba «hecho una mierda». Ella se quedó mirándolo, pero él la tranquilizó: «No. Para. Estoy bien». Acto seguido se tomó una aspirina y se volvió a dormir. Llegó la hora del desayuno. Hizo caso omiso de la insistencia de su esposa para que acudiera al hospital, aunque sólo fuera por precaución. «No, estoy bien», insistió, y se marchó para sustituir un par de pizarras en un tejado del pueblo vecino y recoger algunos fardos. Al regresar, se encontró a la doctora, con su uniforme de fin de semana, vaqueros y botas de senderismo, sentada en el muro de piedra de su casa. Ella solía pasear a sus perros por el bosque que se extendía entre sus viviendas. Como vecinos que eran desde hacía casi veinte años, no resulta raro que se detuvieran a charlar. Pero hoy no llevaba a los perros. Lo que sí tenía, y el hombre percibió enseguida, fue cierta determinación cuando le sonrió al verlo llegar en su furgoneta.

«Te estaba esperando», le dijo.

Él la saludó por su nombre de pila. Nunca se había tomado la molestia de emplear el honorífico «doctora».

Siempre había considerado que eran amigos, aunque ella también era su médica, como lo era de casi todo el mundo por allí, y lo había atendido en algún achaque a lo largo de los años. «Es la leche de honrada»: así le gustaba describirla, aunque se alegraba de no haber tenido que ir a visitarla hasta el momento por algún «problema de esos de hombres». Cuando lo decía se echaba a reír y la doctora ponía los ojos en blanco, pero aquel día no estaba para bromas.

«Helen ha venido a verme», le informó. «Me ha contado que no te encuentras muy bien. Había salido a caminar, así que imagino que habrá conducido por el bosque hasta encontrarme».

Aunque él farfulló unas palabras sobre una indigestión, ella no lo dejó pasar. «Helen dice que podrías comerte un *curry* y una caja de clavos oxidados sin inmutarte. Tienes muy mala cara». Murmurando algo sobre los fardos que tenía que descargar, la miró a los ojos, pero la humedad de su frente lo delató. «Vamos». La voz de la doctora era grave, severa. «Te dolía el pecho: lo sabes tú, lo sabe Helen y lo sé yo». Luego quiso saber si le seguía molestando, y él movió una mano hacia delante y hacia atrás quitándole importancia; pensaba ir a la consulta el lunes si no se sentía mejor. La médica echó un vistazo a su reloj y le preguntó cuándo habían empezado los dolores y cómo eran. Él le describió la sensación de presión, la especie de pesadez o de aplastamiento en la parte superior del vientre.

«Eso suena fatal. Bueno, pues ahora te vas a meter en el coche con Helen para ir directo a urgencias. Ya sé, por ella, que no quieres, pero no te queda otra. Tenemos que averiguar qué está pasando, ¿no?, y allí cuentan con el equipo necesario para hacerlo. Tu mujer está casi lista. Ahí la tienes». Hizo un gesto con la cabeza a la cara que acababa de aparecer en la ventana de la cocina. «Una ambulancia tardaría una hora en llegar. Y yo creo que deberíais salir cuanto antes. Helen conducirá y en cuarenta minutos estaréis allí».

El hombre empezó a protestar. Tenía cosas que hacer. Probablemente no fuera nada.

«No se trata de "probablemente"». La doctora lo llamó por su nombre de pila y le habló con voz queda: «Se trata de que hagamos lo que hay que hacer. Si no, la cosa podría complicarse. No te lo pediría si no creyera que podría tratarse de algo serio. Sabes que no me gusta alarmar a nadie. ¿Te he mentido alguna vez?».

Como un colegial escarmentado, negó con la cabeza.

«No, así que es hora de irnos». Su voz se suavizó. «Venga. Bien hecho. Te curarán. Arriba saben lo que hacen. Helen me tendrá al tanto».

Cuando el coche arrancó, la doctora los despidió con una radiante sonrisa y un pulgar hacia arriba, dio media vuelta y desapareció en el espeso verdor del camino que discurre más abajo. En el hospital descubrieron que había sufrido un infarto, pero consiguieron estabilizarlo y al cabo de una semana le dieron el alta. Durante los meses siguientes, las hipótesis se sucedían en la cabeza del hombre cada vez que recordaba aquella mañana de sábado. «Yo solo no habría ido, ¿no crees? Habría seguido trabajando y al poco habría tenido un ataque más gordo, ¿no? Probablemente el rapapolvo que me echó me salvó la vida...».

En aquellos momentos, la mente de la doctora se iluminaba casi literalmente por lo mucho que comprendía a su vecino: su propia vida estaba hecha de preguntas como ésa, preguntas para las que nunca encontraría respuesta. A partir de entonces, él la obedeció en todo.

No todo el mundo tiene la misma opinión de la doctora. Unas semanas antes, una paciente había acudido a la consulta con gran reticencia, como dejó meridianamente claro. Una mujer demacrada pero bien vestida de unos sesenta años que, a pesar de llevar varios años en su lista de pacientes, nunca había aparecido por allí hasta aquel día. Dijo que no tenía por qué sentarse ni por qué explicarle la naturaleza de su dolencia. Si estaba dispuesta a recetárselo, quería un antibiótico.

—No me gustan los médicos —adujo la mujer.

—¿Por qué no? —le preguntó ella—. ¿Alguna mala experiencia?

Ignorando la segunda pregunta, la mujer respondió a la primera con un ligero deleite.

—Porque son todos unos incompetentes, unos mentirosos y unos corruptos. Los antibióticos, por favor.

41

De los casi cinco mil pacientes registrados, muchos sólo visitan a la doctora de año en año. No la necesitan: están ocupados viviendo. De hecho, quién acude a la consulta y cuándo es un fiel reflejo de la línea de la vida. Durante los dos o tres primeros años, los motivos principales son la tos y los resfriados. A partir de entonces, los niños sanos suelen desaparecer de su lista de citas, salvo las niñas, que regresan en la pubertad debido al acné o los dolores menstruales y, más adelante, para que les recete anticonceptivos. Entre las más jóvenes, la anticoncepción es aún un tema recurrente, seguido, a su debido tiempo, de su opuesto, ya que muchas se presentan de nuevo en la consulta con embarazos y bebés antes de esfumarse hasta la menopausia. En el caso de los pacientes masculinos, lo habitual es que un médico de familia los pierda de vista una vez que alcanzan la primera mitad de la infancia, cuando los niños han averiguado más o menos cómo preservar su salud, y que no vuelvan hasta varias décadas después. Finalmente, llega lo inevitable: a medida que el cuerpo humano despierta a su propia finitud, tanto hombres como mujeres aumentan la frecuencia de las visitas y, en el otoño de la vida, llegan a confiar en las intervenciones y el consuelo que allí encuentran. Por descontado, hay múltiples excepciones en cada etapa: patologías imponderables, prematuros desarreglos físicos o mentales, que también entran en el ámbito de la medicina de cabecera. Aun así, no existen dos pacientes iguales, como tampoco existen dos personas iguales. Si, por encima de todo, una presta atención a eso, no sólo se convertirá en la profesional más amable, sino en la mejor. Está segura.

En efecto, detrás de cada cita médica se despliega, además de un historial clínico, una historia personal, una sinuosa trayectoria de vivencias y emociones, la vida entera del paciente. En consulta, la doctora apenas vislumbra un fragmento, un destello. Tener tiempo y la oportunidad para ensamblar esos retazos a lo largo de los años, las familias y las generaciones es, para ella, una de las alegrías de su carrera de médica de familia en una comunidad como ésta. Le enseñaron, y ella se esfuerza por no olvidarlo, que en eso consiste la medicina general, tanto en el examen clínico como en hablar con la gente y escuchar lo que le cuenta. En los días en que los trámites administrativos se acumulan, son esas historias las que la animan a seguir adelante. Son la materia prima de su relación con cada paciente y una fuente de complejidad y fascinación infinita. Por eso, cada día, apunta en un grueso cuaderno de tapa dura una o dos líneas sobre el caso más interesante de la jornada, el que la hace preguntarse por la naturaleza humana, maravillarse o desesperarse. A sabiendas de que su analogía les parecerá elocuente, cuando comparte impresiones con algunos de sus compañeros que son ratones de biblioteca, suele comparar su trabajo con una biblioteca maravillosa repleta de cuentos extraordinarios. Reducir a cualquiera de sus pacientes a su aflicción, su tumor de mama, su incompetente válvula cardiaca o su perezoso páncreas es lo mismo que considerar que un libro no es más que papel y tinta. Por otro lado, sabe que la trayectoria de vivencias y emociones, la historia de cada cual, no acaba ahí: se extiende en la dirección contraria, hacia el futuro, envuelta en la oscuridad, algo en lo que ella tiene cierto grado de responsabilidad.

Cuando llega para revisar la medicación que le ha prescrito al hombre para aliviar sus dolores, la enfermera del distrito aún no ha terminado, así que aguarda en la entrada, debajo de una foto escolar enmarcada, y ahora amarillenta, de un joven con toda la vida por delante. El año en que se tomó la imagen, 1996, está grabado en dorado en el paspartú, de color marrón. La esposa del paciente sale de la cocina con una taza de té humeante. El sol entra a raudales por el vidrio grabado que hay encima de la puerta principal.

«Lo siento, doctora. La tetera estaba silbando. La enfermera no ha acabado todavía. No creo que tarde mucho. ¿Una taza de té?».

Ella declina el ofrecimiento. No le gusta confundir las consultas a domicilio con descansos para tomar el té, pero está encantada de charlar y se interesa por el paciente, cómo se encuentra últimamente.

«Bien...». La mujer hace una pausa porque sabe que no está siendo del todo sincera. «Sí, sí... Está bien. Las noches son duras, pero es normal».

La médica advierte el cansancio en sus ojos. Le pregunta cómo lo lleva.

«Bueno, tampoco muy mal. Me las arreglo. Ya nos conoce. Siempre encontramos la manera de sonreír. Siempre lo hemos hecho. Incluso después de Tom». Señala con la cabeza la foto de la pared. «También es que llevamos casados cuarenta y dos años, ¿sabe?, y... bueno, quizá eso ayude».

En ese momento, la puerta del salón se abre de golpe y la enfermera sale a toda prisa.

—Siento haberla tenido esperando, doctora. Una de nosotras volverá mañana a mediodía, ¿verdad? —Y, dirigiéndose a la esposa, casi gritando, añade—: ASÍ ESTARÁ ATENDIDO, CIELO. —Hace hincapié en cada palabra—. ¿LO HA ENTENDIDO? SU MARIDO ESTÁ BIEN, NO SE PREOCUPE. LO ESTÁ USTED HACIENDO DE MARAVILLA. MAÑANA NOS PASAREMOS, Y TIENE NUESTRO NÚMERO PARA LLAMARNOS SI SURGE CUALQUIER CONTRATIEMPO, ¿DE ACUERDO?

—Tengo el número en la cocina, gracias —responde la mujer del moribundo con una sonrisa asomando en el rabillo del ojo.

En cuanto la enfermera se marcha, se oye una carcajada ronca desde la cama articulada, situada ahora frente a la chimenea del salón.

«La semana pasada, cuando empezó esta chica, el muy descarado», explica la mujer señalando con la cabeza a la figura delgada y cenicienta de la cama, «el muy cabrón, pensó que sería divertido decirle que estoy sorda como una tapia y que tengo pocas luces. Y no he reunido valor para contarle la verdad. De todos modos, pase. Mi marido la está esperando».

La broma funciona. Esa fracción de segundo de pavor que asalta periódicamente a la médica en el umbral de un moribundo o una moribunda se disuelve: la doctora entra, enérgica y radiante, a la sala.

En noviembre, cuando los alerces de la arboleda que se eleva por encima de la caseta del radiofaro se deshojan, sus ambarinas agujas flotan en el aire como copos de nieve. Se posan en las manos enguantadas de la doctora y en las mangas de su chaqueta mientras pedalea hasta el otro lado del valle, donde pasa consulta por la tarde. La pista que atraviesa el bosque, que comienza no muy lejos de su punto de partida, discurre cuesta arriba por un brezal antes de descender abruptamente. Un puente de hierro fundido cruza el río, tras el cual le espera un buen repecho entre robles y viejos castaños hasta el pueblo, un poco más arriba. La doctora tarda veintisiete minutos en hacer el viaje.

Cuando, en conferencias médicas o reuniones de la facultad, describe este trayecto a sus colegas, es consciente de que tal vez les suene como una parodia de un mundo antiguo, especialmente a los que trabajan en la ciudad. Por ese motivo, le gusta señalar que su bici es eléctrica —de otro modo, no podría con las pendientes— y que apenas usa el coche para ir de un ambulatorio a otro o en las visitas a domicilio porque prefiere desplazarse de una manera más ecológica. Además, el hecho de no ser una persona sedentaria le facilita la labor a la hora de enumerar a sus pacientes los beneficios que el ejercicio aporta a la salud mental y física; por otro lado, sin esa hora diaria al aire libre, seguramente se volvería loca, pues, aunque no es algo que suela mencionar, es en esos paseos en bicicleta, cuesta abajo, cuando el peso de sus quehaceres se acaba desprendiendo de ella echándose a volar como las agujas del alerce.

La doctora no se detiene demasiado en el lado oscuro de su trabajo; más bien al contrario. Se considera a sí misma, y no sólo ante los demás, la más afortunada de las mujeres. Aquí está, en el valle más hermoso del mundo, con un trabajo que adora, que hace un bien palpable en su comunidad, que estimula su intelecto y gracias al cual paga con holgura las facturas. Y todo eso a apenas unos tres kilómetros de su bonita casa de piedra, donde, al final de cada jornada, la esperan su marido y sus dos hijos.

No obstante, es imposible, y hasta peligroso, olvidar el efecto que esta profesión puede tener en quien la desempeña. El antepenúltimo médico en esta consulta —sí, John Sassall, el «hombre afortunado» de John Berger— se quitó la vida en 1982, unas semanas después de jubilarse. La comunidad a la que había servido durante treinta y cinco años quedó traumatizada por su muerte. Cuando de pronto la asalta el recuerdo de ese suceso, se lo toma como el más elocuente de los avisos.

En esos días, la oscuridad se apodera de ella. Recuerda, por ejemplo, que nunca ha conocido a un médico de familia, incluida ella misma, que no pudiera recitar de memoria el nombre, la edad y las circunstancias de cada uno de los suicidas a los que tuvo que tratar. O le viene a la cabeza la humillación que sintió en el funeral de una joven enferma de cáncer cuando se vio a sí misma —la doctora local, por el amor de Dios— llorando a lágrima viva al fondo de la iglesia. Reconoce la dificultad, opresiva, de esas que quitan el sueño, a la hora de intervenir, o no, en un violento matrimonio entre un abogado adinerado y su vulnerable esposa, que acude a la consulta con dolores de cabeza y derramando lágrimas en silencio. Se estremece al recordar que, por culpa de un pequeño error en el etiquetado de una analítica de sangre, hubo de conducir casi cincuenta kilómetros hasta un laboratorio de la ciudad entre la consulta de la mañana y la de la tarde, temiendo que una paciente embarazada que llevaba años intentando tener un bebé sufriera un aborto. La mayoría de las veces, al menos, estas cosas no se cuentan, y la hora que pasa atravesando a toda velocidad esos bosques de distintas tonalidades de verde forma parte de su estrategia de supervivencia.

Hace un tiempo, se sintió impulsada a contemplar la onda expansiva que, a menudo de manera inescrutable, irradia una tragedia humana como la de John Sassall.

Estaba pasando la consulta de la mañana y llamaron de la recepción para avisarla de que había un anciano esperándola. Su nombre le resultaba familiar. Llevaba cuarenta años viviendo en la misma casita, del color de la mantequilla, al final de una empinada callejuela, más allá del viejo pozo que hay a las afueras del pueblo. Sin embargo, no recordaba que hubiera concertado una cita hasta ese momento. Comprobó los informes. Nada en el ordenador, así que fue a la sala trasera para hojear los historiales clínicos en papel, que precedieron a la llegada, algo tardía, de la efervescencia de la tecnología a ese consultorio rural. En efecto, su última cita había sido en 1982, cuando tenía cuarenta y pocos años.

Como es su costumbre, la doctora recorrió el pasillo para ir a buscar al anciano a la sala de espera. Ese breve preludio le brinda unos valiosos segundos para ampliar su evaluación, calibrar el estado de ánimo del paciente, su expresión y su complexión, cómo se mueve, cómo respira. Esta vez, la impresión que recibió no fue de reticencia, sino de vacilación, como si no estuviera seguro de que su visita al médico fuera prudente.

Los titubeos persistieron una vez en la consulta. Ella intentó romper el hielo diciendo lo agradable que era conocerlo en persona y mencionando que habían pasado treinta y tres años desde su última cita.

«Sí, bueno», repuso él, «el último médico que me examinó fue el doctor Sassall, que se pegó un tiro poco después, así que…».

No terminó la frase. Tras un improductivo silencio, por fin comenzó la consulta.

En la cresta del valle, por encima del pueblo por el que conduce el doctor Sassall en la película de 1967, se alza una magnífica casa de campo victoriana, ahora reconvertida en residencia de ancianos. Domina un tramo del río que discurre en línea recta a lo largo de casi un kilómetro; la orilla opuesta es un sempiterno muro de bosque, denso y exuberante. En las inmediaciones hay un conjunto de cascadas que se precipitan por un profundo barranco. El fragor del agua se oye, en los meses de invierno, desde las escaleras del asilo. El pueblo también se extiende por la empinada ladera. Visto desde los campos que quedan río arriba, tiene un aspecto casi alpino; todas las casas están pegadas unas a otras, como para impedir que caigan rodando por la cuesta. Las personas que viven en la parte alta, de hecho, llaman a sus vecinos «los de abajo». Una red de viejos escalones de piedra colocados hace dos siglos sobre antiguos caminos de burros, cuando aquello era un centro del comercio fluvial, se entrecruza en la ladera. El enorme edificio que ahora alberga la residencia de ancianos lo construyó una acaudalada familia de operadores de barcazas fluviales que dirigían grandes equipos de hombres provistos de arneses para arrastrar, con la ayuda de unas cuerdas, las embarcaciones río arriba.

A veces, por la mente de la doctora pasa ese arduo trabajo mientras pedalea por el exiguo sendero de las afueras. Detestado hoy en día por los conductores de reparto, es de una estrechez y un empinamiento angustiosos, pero, cada lunes, medio centenar de sus pacientes más complicados la esperan en la residencia de la cima. Es tal la riqueza de las vidas que encierran sus paredes y son tantos los enigmas éticos por desentrañar que la doctora ha acabado amando ese lugar, con sus largos y sinuosos pasillos y sus sorpresas.

Antes de acometer el ascenso, suele hacer una parada en las tiendas del pueblo que hay al pie de la colina para comprar unas porciones de pastel *lardy* (horneado los jueves) o cualquier otra cosa de los enormes tarros de detrás del mostrador. A la doctora le encantan los dulces. La hace feliz saber que lleva una bolsa de papel medio llena de bombones de limón en el maletín. En ocasiones piensa que cuando se jubile vivirá a base de dulces y audiolibros. Tampoco es que ese día parezca cercano. Aun al comienzo de la mediana edad, desprende la energía de una mujer con la mitad de años. «¿Cómo lo hace?», murmura la gente cuando la ve atando unas canoas a la baca de su coche antes de su consulta matutina o corriendo por el bosque con una linterna frontal cuando la mayoría ha cenado ya y está sacando la basura antes de acostarse. Tal vez los dulces ayuden. En cualquier caso, este respeto por las propiedades revitalizantes del azúcar puede explicar la afinidad de la doctora con la paciente a la que atiende esa mañana.

La anciana, a sus noventa años largos, yace en posición fetal, encajonada en un vientre de cojines y almohadas que el personal de la residencia ha apuntalado a su alrededor. Su cuerpo de pajarito —no pesa más de cuarenta kilos— se ve diminuto en comparación con la cama de hospital en la que ha pasado la mayor parte de la última década. Hace ahora ocho años que la médica, la enfermera jefa y su abnegada familia llegaron a la conclusión de que la fisioterapia no estaba dando ningún fruto y, además, era de lo más angustiosa para ella. En aquel momento, a sus hijos, pensionistas por derecho propio, les dijeron que la incluirían en el registro de paliativos: la lista de aquellos a quienes no sería de extrañar que la muerte los alcanzara en los próximos seis meses. No es casualidad que este criterio carezca de cierta precisión. Atender a los pacientes en sus últimos meses de vida ha sido durante mucho tiempo el pan de cada día de los médicos de familia. Aun así, en las últimas décadas su perfil en la política sanitaria ha adquirido una mayor relevancia a medida que la esperanza de vida ha aumentado, pues las personas llegan a una edad más avanzada pero, muchas veces, con graves problemas de salud. Con el registro de cuidados paliativos, implementado en 2006, se intentaba animar a los médicos de cabecera a ocuparse de este creciente colectivo que se tambalea ante el precipicio. La motivación era buena: garantizar los mejores cuidados al final de la vida. Sin embargo, cualquier profesional replicará que es sumamente difícil concretar con certeza el instante en que la vida se transforma en muerte, y no existe un consenso claro sobre dónde establecer el límite. ¿Se producirá dentro de un año, seis meses, seis semanas, seis días, seis horas, seis minutos, seis segundos? Porque, por supuesto, en el plano material jamás se sabe cuándo se dará dicha transformación; no hasta la propia muerte.

Además, la doctora se ha acostumbrado a la incertidumbre. Aunque entiende el valor del protocolo, con el paso de los años ha aprendido a no intentar poner orden en lo que no admite orden. Reconocer el final en ciertas patologías, como el cáncer, es ahora más fácil, pero hay otras, como la insuficiencia cardiaca o las enfermedades respiratorias crónicas, que siguen siendo tan difíciles de pronosticar como siempre. En la cúspide de esta enigmática montaña se encuentran esas frágiles ancianas que acostumbran a asombrar a sus médicos con su tenaz aferramiento a la vida.

Por eso, al cabo de ocho años, la anciana continúa en su cama de la residencia, inmóvil y ya poco dada a la interacción. Eso sí, en su mesilla de noche se acumula una impresionante montaña de dulces: Rolos, Maltesers, Jelly Babies. La doctora no sabe cómo los coge. Es imposible que los alcance. Sin embargo, cada semana encuentra diferentes paquetes y envoltorios de golosinas a medio terminar junto a la cama. Ha llegado a la conclusión de que debe de pedirles a sus cuidadores que se los metan en la boca. De hecho, a pesar de lo menuda que es, los informes al pie de su cama indican que come tres veces al día, y con ganas, además. Todo el mundo está de acuerdo en que es un milagro de la supervivencia. Cuando la doctora hace su ronda semanal por la sala, los hijos de la anciana suelen pedirle que le explore el pecho, que nunca produce ruidos extraños. No así hoy. Cuando mete el estetoscopio por debajo del camisón de felpa, oye una especie de ráfaga de viento. Escucha de nuevo para estar segura, se agacha junto a la cama para que su cara quede a la altura de la de la paciente y le explica que le parece que tiene una infección.

«¿Cómo?», exclama la anciana, inmediatamente alerta. «¿Una infección? ¡Maldito pecho! ¿Cómo ha ocurrido?». Su animación es tan increíble como evidente. «¿Será esto lo que me mandará al otro barrio?», pregunta. «Dios mío, ¿qué vamos a hacer, doctora?». La médica y la enfermera que la atiende intercambian una rápida mirada de asombro. Ante la idea de una enfermedad letal, la anciana, que lleva años postrada, parece haber revivido de golpe. La doctora le explica que un tratamiento con antibióticos sería el siguiente paso lógico. «Bien, perfecto. Deshagámonos de este maldito bicho».

Bajo esos camisones y pijamas de cuadros y franela, arde una feroz voluntad de vivir que aparece en los momentos más inesperados. La doctora lo sabe. Uno de los grandes privilegios de su trabajo es que se le ofrezcan atisbos de vida como éste. Los antibióticos funcionan, la infección se cura y, seis meses después, la anciana sigue disfrutando de sus chucherías.

El volumen de sangre era aterrador.

La mujer había llamado a la consulta a primera hora del día. Embarazada de veintitrés semanas, estaba preocupada porque llevaba un par de días sin apenas haber sentido a su bebé. Ni la habitual patada en las costillas, le dijo a la recepcionista, ni esa presión en la vejiga que en los últimos días la habían colmado de alegría. Se trata de su quinto embarazo. Los cuatro anteriores habían terminado en abortos espontáneos; dos de ellos, en el segundo trimestre. La doctora la conocía bien, la había atendido después de las dos últimas pérdidas. La mujer, que les había puesto ya nombre a sus bebés e incluso se imaginaba su futuro, había quedado devastada, embargada por la culpa y una profunda tristeza que, según le contó, sentía que nunca desaparecería. En la última visita le había confesado lo mucho que había llegado a odiar la expresión «aborto espontáneo», por sus connotaciones de sufrimiento y arbitrariedad. Nunca volvería a utilizarla, dijo; se limitaría a emplear «lo perdí» o «la perdí», aunque también eso le recordaba la negligencia de su cuerpo y se le saltaban las lágrimas.

Todo eso vino a su mente cuando la recepcionista mencionó su llamada, así que de inmediato citó a la paciente para la consulta de la tarde, con la secreta esperanza de oír los latidos del bebé y así acabar con su inquietud. Se habían cruzado en el pueblo apenas unas semanas atrás y, entusiasmadas, habían hablado de lo avanzado y bien que iba este embarazo, de lo feliz, nerviosa y asustada que se sentía.

La mujer, recostada en la camilla, se subió una holgada camiseta de Minnie Mouse por encima de la pálida cúpula de su abdomen.

—Ayer sentí un leve latido —dijo—, pero, después de eso, nada de nada.

Instintivamente, colocó las palmas a ambos lados de su barriga, en un gesto como de zahorí.

Con ánimo de aplacar los nervios de su paciente, la doctora trataba de entretenerla hablando de cosas banales mientras se volvía para sacar el monitor fetal Doppler de un cajón cuando, de repente, advirtió que a la mujer se le cortaba la respiración.

—Oh, no… Creo que estoy sangrando.

Al girarse, se encontró un charco de sangre roja brillante que, filtrándose por las mallas, había manchado el papel blanco de la camilla y empezaba a gotear en el suelo.

—Ay, Dios —susurró la embarazada.

La médica, con la adrenalina disparada, hizo lo que siempre hace cuando tiene miedo. Ralentizó sus movimientos y prestó a su voz una calma deliberada, como si fuera a cámara lenta. Del armario del pasillo cogió un protector para la camilla, lo deslizó debajo de las caderas de la mujer y llamó al 999 desde el teléfono del escritorio.

Una hemorragia preparto de semejante magnitud es un posible signo de que la placenta, alimentada por una masa de vasos sanguíneos, se ha desprendido de la pared del útero. El desprendimiento prematuro de la placenta, como se denomina, puede ser peligroso para el bebé y, con un sangrado tan abundante, también para la madre.

La doctora comprobó la tensión arterial de la paciente y la informó de que le iba a poner suero. No era más que un pequeño impulso para equilibrarle el cuerpo. «Cánula dentro. Disolución salina arriba. Por Dios, cuánta sangre». En los lejanos recovecos de la mente de la médica, cuatro preguntas daban vueltas y vueltas, como un móvil sobre una cuna infantil. «¿Perderá el bebé? ¿Está ya muerto? ¿Se desangrará aquí mismo? ¿Morirá porque no he sabido atenderla?».

Un sollozo desgarrado interrumpió sus pensamientos.

—Me he esforzado tanto por hacerlo todo bien. He sido de lo más cuidadosa. Estoy intentando pensar qué he podido...

La doctora le explicó que el suero estaba reponiendo parte del líquido perdido, así que no había de qué preocuparse. La sangre es muy escandalosa...

—Fui a una clase de zumba. ¿Cree que...?

—Cálmese. Acuérdese de lo que ocurre —dijo la doctora— cuando se le cae un vaso de leche en el suelo de la cocina. Es sólo un vaso, aunque parezca una garrafa, y recuerde que tiene muchos más vasos.

—Sí, pero esto no es como cuando tengo el periodo ni nada por el estilo. Es como un grifo.

Aunque tenía razón, la doctora se limitó a seguir susurrando palabras tranquilizadoras. Intenta ser lo más sincera posible con sus pacientes en cualquier circunstancia. Es una promesa que hace varias veces a la semana: «No le voy a mentir...». Con los cánceres y otros anuncios mortales ha aprendido, a lo largo de los años, que la franqueza es la mejor política: «Di esas palabras que asustan, aborda el tabú y el paciente y tú podréis empezar a trabajar juntos para dilucidar cuál será el paso siguiente». Pero, si le hubiera soltado a esta joven con la camiseta de Minnie Mouse «Creo que el bebé ya está muerto y su vida corre peligro», no habría ayudado en modo alguno. Tranquilizar a la mujer era una necesidad médica; la franqueza podía esperar.

—Bueno, la ambulancia está de camino —asegura la doctora con ligereza—. No creo que se retrase mucho...

—Las carreteras —la cortó la mujer— son muy estrechas, ¿no? En los últimos diez u once kilómetros sobre todo... —Su terror inunda la sala.

—Vamos a ponerle uno limpio. —La médica cambió de tema y se concentró en sustituir el protector de papel, empapado. En realidad, tratando de no llamar la atención, lo ha hecho tres o cuatro veces en veinte minutos.

—Mi bebé, mi bebé... —Las lágrimas veteaban la melena de la joven—. ¿Puede comprobar si oye algún latido?

La doctora, que llevaba rato temiendo la pregunta, aplazó su respuesta explicando que un latido no tenía por qué cambiar nada. La ambulancia llegaría de un momento a otro.

—Si oímos al bebé, estupendo —repuso—, pero eso no significa necesariamente que todo vaya bien, no con esta hemorragia. —Sin embargo, lo cierto era que no creía que fueran a oír nada. Sólo silencio.

—Por favor...

—Y si no oímos nada —continuó la doctora—, nos disgustaremos y eso hará las cosas más difíciles para usted.

—Necesito saberlo.

La conversación daba vueltas y más vueltas sobre el mismo asunto.

—Por favor, por favor, por favor, necesito saberlo —suplicaba la joven.

Así pues, azorada, la doctora cogió el Doppler, untó un poco de gel en el firme vientre de la mujer y juntas escucharon el «shh-shh-shh-shh» de un diminuto corazón latiendo.

—Dios mío —dijo la médica—, tenía usted razón. Lo sabía. Allá vamos.

—¿Shh-shh-shh-shh-shh...?

—Es el sonido más bonito del mundo entero, ¿verdad? Aferrémonos a eso, ¿de acuerdo? Aferrémonos a eso y no perdamos la fe. —Y por un momento no fueron doctora y paciente, sino dos mujeres aterrorizadas y esperanzadas.

Llegó la ambulancia y, mientras se llevaban a la mujer en una camilla, la doctora llamó por teléfono. Llamaría a Dave, sí, tenía su número, lo mandaría para allá.

—Estaré pensando en usted —se despidió.

Gracias a algún benigno giro de la naturaleza, todo salió bien, y, cuando la médica fue a visitarlos tres meses después, la casa era un alboroto de globos rosas y pancartas. Al cabo de casi una década, la mujer, ya con cuarenta años, y su hija siguen siendo pacientes suyas. Nunca hablan de aquel día. La doctora no cree que la madre le dé muchas vueltas a lo sucedido, pero ella es incapaz de mirar a la niña sin que se le haga un nudo en la garganta al pensar en lo frágil que es la línea que separa la alegría de la desesperación.

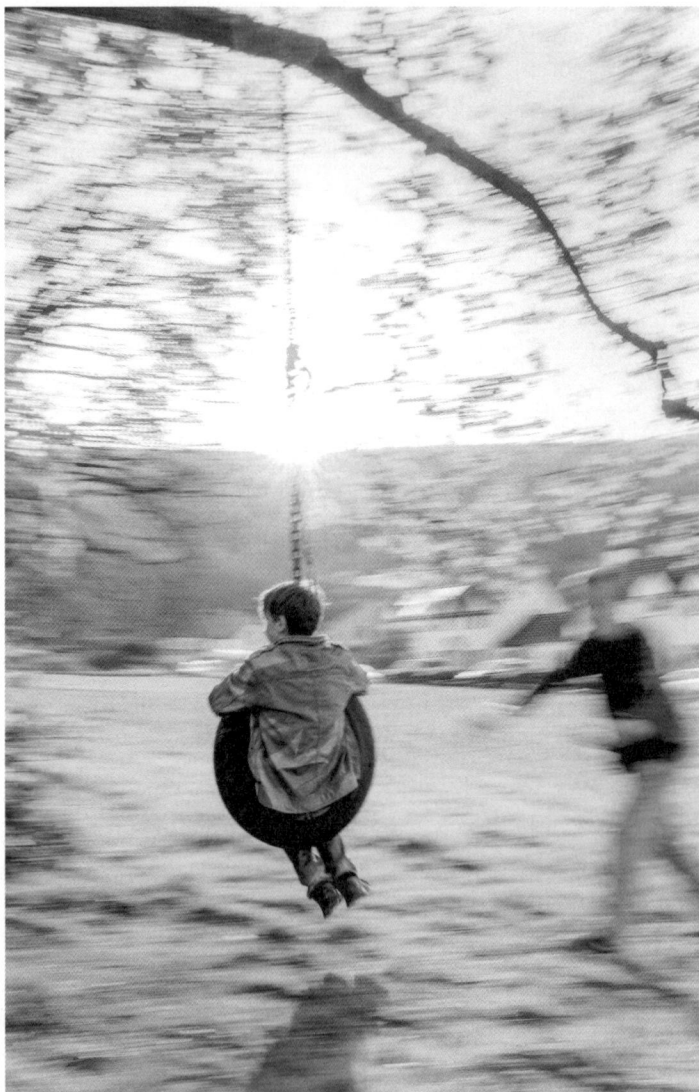

Mientras el sol se hunde en el valle y las sombras se elevan como si surgieran de las aguas del propio río, los vecinos se dedican a sus quehaceres. Un anciano, agachado en un peldaño de su jardín, le limpia la sonriente dentadura a su perro con un pequeño cepillo de dientes. En un garaje iluminado con fluorescentes en el que suena hip hop de Los Ángeles a todo meter, un adolescente con el torso desnudo hace *kickflips* con su monopatín. Una mujer vestida con ropa de oficina saca las bolsas de la compra del maletero de su coche y las coloca al lado de la puerta trasera, sobre las losas cubiertas de musgo. Una pareja que camina de la mano se detiene en una pasarela oxidada y se besa. Tarareando el retazo de una melodía, un hombre con mono de pintor remueve sus pinceles en aguarrás junto al fregadero de su cocina, con vistas al bosque, cada vez más oscuro. Arrebujada en una manta tejida a mano, una bebé se queda dormida con los arrullos de unas palomas torcaces posadas en el alféizar. Y, en la consulta, la doctora de todos ellos coloca la bicicleta en el escalón trasero, apaga la luz del interior y emprende su encantador paseo hacia casa.

II

No era más grande que la palma de su mano, un óvalo liso de perfección, como un guijarro de río iluminado por el sol del atardecer. Después de la escuela se dedicaba a pisar los terrones en el campo en el que pastaban los potros. Era una forma agradable de terminar el día que le permitía, además, meditar sobre la jornada: metía la puntera de las deportivas bajo cada tormo de pasto que las pezuñas hubieran levantado, le daba la vuelta y los aplastaba contra el suelo, que recuperaba su suave y placentero verdor. Unos meses antes, sus padres y ella habían cambiado las colinas cubiertas de tojos, más al oeste, por este frondoso prado, donde se habían embarcado en la última de una sucesión de empresas rurales, la cría de caballos de carreras. Un nuevo hogar significaba una nueva escuela, la octava de una infancia nómada, así que aquí estaba ella, en la mitad de un solitario primer año del instituto. Sin embargo, tenía un don especial: puesto que era capaz de sentir innatos estallidos de optimismo al tiempo que prestaba una suerte de atención juiciosa al presente, ni siquiera las malas rachas acababan con sus momentos de eufórica perspicacia. Ella siempre fue así, y aún lo es.

Y de pronto lo vio, ante un hoyuelo del exuberante campo: un lebrato, perfectamente quieto, con los ojos muy abiertos, las largas orejas pegadas al lomo, casi como si fuera una escultura.

La futura doctora caminó hacia la cría pensando que era un terrón más. Cuando se dio cuenta de que era, en realidad, una diminuta vida nueva, luchó unos instantes contra su impulso de cogerla y llevársela a lo que ya se podía considerar un santuario: su casa. A lo largo de los años había ofrecido refugio a un buen número de desdichadas criaturas. Entre ellas la más querida fue el ganso Noddy, nacido de un huevo abandonado en su dormitorio. Noddy creció y se convirtió en una magnífica ave a la que le gustaba sentarse en el pequeño regazo de la niña y graznar, hasta que algún desalmado lo robó la víspera de Navidad. Aquella tarde, pergeñando ya un heroico rescate, retrocedió para observar a distancia. Como era de esperar, las largas extremidades y orejas de la liebre madre, corriendo a toda velocidad, no tardaron en hacer acto de presencia. Cuidó de su cría unos minutos antes de salir disparada y desaparecer tras un seto, dejando a la adolescente en un estado de serena dicha.

Siempre ha sido consciente de que la naturaleza puede brindar tales remansos de calma y consuelo. Más de tres décadas después, aún recuerda con detalle aquel lebrato y su madre. Aquel encuentro, una chispa de asombro ante el mundo vivo que tantas veces se ha renovado a lo largo de los años, le dejó una profunda huella. Ocasiones mágicas, una constelación de pequeñas epifanías, que son, incluso hoy, una fuente de gozo y afirmación y que se quedan clavadas como chinchetas en el mapa de su vida. Esos destellos de inspiración, cuando la propia existencia parece estar cambiando, suelen ser propios de los últimos años de la pubertad. Como si la naturaleza requiriera una confluencia de emoción elevada, impulsividad y claridad para salvar la brecha entre la infancia y el mundo adulto. Para ella —que aún no era médico, claro—, aquél fue uno de los tres momentos en muchos meses en los que el corazón y el cerebro se alinearon, la pasión y el intelecto aunaron fuerzas. Otro llegó, al más puro estilo de esa edad, con el descubrimiento de una canción que, por su llamamiento al contacto y a la comunicación, la conmovió en lo más íntimo de su ser. Aún hoy escucha «The Sound of Silence», de Simon & Garfunkel, en sus auriculares mientras pedalea por el valle, o la tararea para sí, a modo de mantra, cuando el ambiente está tenso. Por sombrío que sea el sentimiento que transmite la canción, a ella la tranquiliza. No obstante, la revelación más trascendental de aquellos meses del final de su infancia se presentó de la mano de un libro.

Sus padres no habían ido a la universidad. Su madre, brillante y rebelde, sólo tenía dieciséis años cuando conoció a su futuro marido en las cuadras locales de un pueblecito de la Inglaterra profunda. Puesto que el amor a primera vista dio lugar a episodios de absentismo escolar, su provinciano instituto inglés le sugirió que más le valía marcharse de allí sin dilación. Esto irritó tanto a la joven que trabajó mucho y dejó la escuela aquel verano con nueve asignaturas aprobadas. Al año siguiente, a los diecisiete, nació su hija, por lo visto con las mismas agallas e idéntica inteligencia. Su única hija era un ratón de biblioteca decidido a no dejarse encasillar, tan feliz embutida en unas botas de goma y cargando fardos como enfrascada en una novela.

Aunque su familia era de clase trabajadora, algo de lo que se enorgullecía, siempre estuvo rodeada de caballos y, en los primeros catorce años de su vida, la niña nunca planeó ser otra cosa que jinete. De hecho, en el estudio de su casa, donde trabaja hasta bien entrada la noche escribiendo volantes o leyendo artículos sobre medicina, hay una fotografía en la que aparece, con once años, luciendo una gorra de seda con un lazo de rayas amarillas que le había cosido su madre, mientras se adentra en las aguas de un lago a lomos de un caballo negro como un cuervo. En las sucesivas mudanzas y cambios de colegio, su amor por los caballos le proporcionó algo semejante a una continuidad. A menudo iba a las carreras con su padre, jugador empedernido y eterno optimista que jamás perdía la esperanza de que el siguiente sería su día de suerte. El dinero entraba y salía. Un día había filete para cenar; al otro, judías al horno. Pero no pasaba

73

mucho tiempo hasta que ella volvía a seguir la gorra de entrenador de su padre entre la multitud de un hipódromo, cumpliendo estrictamente, eso sí, las instrucciones que él le daba de estar ojo avizor a los bolsillos de su chaqueta encerada, no fuera que alguno con la mano un poco larga le birlara el puñado de billetes que había ganado apostando a un purasangre. La doctora cuenta que el optimismo le viene de su padre.

Era una niña muy ocupada y cada dos por tres solía reñir con su mejor amiga, quien caminaba muy despacio a pesar de que ella cargaba con sus bolsas para acelerar el curso de las cosas. Había demasiado que hacer como para andar perdiendo el tiempo con tanta parsimonia. Desde que tenía más o menos diez años, llevaba un diario en el que los acontecimientos quedaban ordenados, los planes ensayados, el futuro trazado. Fue en aquel diario en el que, un poco antes o después de su decimocuarto cumpleaños, esbozó vagamente la idea de estudiar Medicina. Sus notas escolares eran ciertamente buenas, pero la inspiración le vino en parte de un dinámico primo suyo que estudiaba Medicina y que solía visitarla y la llevaba de paseo en su Sprite de ojos saltones. Ante el leve desconcierto de sus padres, a mitad de curso cambió de repente las asignaturas de humanidades e idiomas por otras de ciencias. Su apodo durante la escuela primaria, Caballo Loco, dio paso a uno nuevo, no del todo amable: Señorita Por Favor. En los últimos años del instituto ya estaba más o menos decidida a estudiar Medicina. Sabía, eso sí, que el proceso de admisión era duro, incluso entonces, y que un periodo de experiencia laboral se tenía muy en cuenta. Así, el último semestre de sexto curso se convirtió en la sombra de su propio médico de familia en el pueblo de al lado. Y entonces, a los diecisiete años, tuvo la tercera y más importante epifanía.

El doctor al que acompañó aquella semana era muy divertido de un modo algo cínico y seco, pero era asimismo un apasionado de la medicina general, al que le gustaba recordar que era la única rama de la práctica médica que define su trabajo en términos de relaciones. Para ilustrar su argumento, le recomendó un viejo libro sobre un médico rural de los años sesenta. Aunque puso las estanterías de la consulta patas arriba para buscar su ejemplar, no lo encontró, así que aquel viernes por la tarde ella se marchó con el título y el autor garabateados en un trozo de papel: *Un hombre afortunado*, de John Berger. Como no lo tenían en la biblioteca del pueblo, lo encargó en otra del condado. Y llegó al cabo de unas semanas: un libro de tapa dura envuelto en celofán, con gruesas páginas amarronadas de bordes despeluchados y ese inconfundible olor a biblioteca. Enseguida se percató de que aquel ejemplar tenía unos años más que ella; saltaba a la vista que muchos dedos habían pasado sus páginas, con dos décadas de sellos en la guarda.

Comenzó a leerlo en el autobús de vuelta y lo devoró en dos días, acurrucada en un puf debajo de la lucerna de su dormitorio, situado en el ático. Nada más terminarlo, volvió al principio y lo empezó de nuevo.

A pesar de que no tenía ni idea de dónde estaba ambientado el libro, y en un principio no le importó, aquel relato sobre lo que significaba ser médico tuvo un efecto decisivo en su joven mente. En su primera lectura se sintió atraída por el dramatismo, principalmente por la escena inicial, en la que nos encontramos con el médico rural en plena crisis, atendiendo a un hombre inmovilizado por un árbol caído. Le parecía una versión adulta de los cuentos de aventuras de ponis de su infancia; la valiente niña que salva al mundo transfigurada en la resuelta doctora que lucha por una pierna mutilada. Sin embargo, en la segunda, cayó en la cuenta del alcance y la complejidad psicológica del trabajo del médico. Había algo cautivador en ese doble papel de experto clínico y testigo compasivo de las historias de las personas y sus luchas a lo largo del tiempo. Aquél era un libro sobre las relaciones, y las relaciones son importantes cuando se es hija única y se ha cambiado de escuela siete veces. En él vislumbró la posibilidad de alcanzar la estabilidad, la continuidad y el contacto que tanto ansiaba con sus semejantes, pero sin tener que sacrificar, así lo veía ella, ni sus aptitudes, ni su intelecto, ni sus aspiraciones.

Devolvió *Un hombre afortunado* a la biblioteca y fue directa a la librería de segunda mano de un pueblo vecino para comprarse un ejemplar. Al cabo de más de treinta años, sigue estando entre un manual acerca del tratamiento de los síntomas del cáncer avanzado y *British National Formulary for Children*, el manual británico de referencia sobre la prescripción pediátrica, en la estantería sobre el escritorio de su consulta.

El doctor John Sassall, el médico a quien retrata John Berger, murió en 1982, seis años antes de que quien sería su sucesora, a dos condados de distancia, leyera por primera vez, a los diecisiete, sobre su vida. Aunque entonces ella no lo sabía, la figura de Sassall ya gozaba de un estatus cuasi mítico dentro de la literatura médica, estimada en general por ser la cumbre de cuanto podía abarcar la relación médico-paciente. *Un hombre afortunado* se consideró, y hasta cierto punto se considera todavía, un relato definitivo de los ideales que subyacen a la medicina general. No era en absoluto inusual que los profesores se lo recomendaran a sus alumnos en prácticas o a los entusiastas aspirantes a ingresar en la Facultad de Medicina. Sin embargo, mucho antes de su trágico epílogo, *Un hombre afortunado* ya era un libro melancólico, quizá porque no se arredraba ante la realidad de lo que la medicina puede o no lograr a la hora de mejorar la condición humana, quizá porque en él se traslucía un atisbo de la desesperación que de manera intermitente asaltaba a su protagonista. En cuanto la tinta de Berger se secó y las fotografías de Mohr adquirieron nitidez en sus bandejas del cuarto oscuro, el libro adquirió un halo de pérdida. En efecto, a lo largo de los años, a medida que la asistencia sanitaria se ha modernizado (y se ha vuelto a modernizar), el devoto, complejo e incansable doctor Sassall se ha convertido en el epítome de cierta nostalgia por aquella época en que las relaciones a largo plazo eran el núcleo de la medicina general, y su nombre es hoy en día sinónimo del profundo valor de la continuidad asistencial.

Es curioso, pues, que esta imperecedera fama en el mundo de las letras médicas y la silenciosa veneración que se profesa a Sassall tanto en el Reino Unido como en el extranjero no se aprecie mucho en estos tiempos en el valle donde vivió y trabajó. Las historias que perduran aquí son en cierto modo más terrenales, más enrevesadas en cuanto a sus contradicciones... Eso si es que se recuerdan.

Con la notable excepción de la propia doctora, ninguno de los que habían trabajado en la antigua consulta de Sassall había oído hablar del libro cuando me puse en contacto con ellos: ni el médico a tiempo parcial, ni los administrativos, ni nadie del pequeño equipo de enfermeros y auxiliares sanitarios. Una de las farmacéuticas del ambulatorio, que ha pasado aquí sus cuarenta años de vida, desde luego recuerda haber hecho cola con su hermano, de cinco o seis años, frente al estrecho edificio que albergaba la consulta de Sassall. El médico la miraba con severidad y le palpaba las glándulas debajo de la mandíbula —«¿Te duele? ¿No? Entonces estás bien. No tienes nada»— antes de despachar a los dos niños, que acto seguido salían a la húmeda callejuela verde; pero del libro no tenía ni idea. La mayoría de la gente de los alrededores sabe que una de las Spice Girls vivía en una casa al otro lado del río, y que un par de presentadores de televisión reside en antiguas y encantadoras granjas en los bosques cercanos, pero del «hombre afortunado» no quedan sino jirones de recuerdos. El mundo avanza, sus valores cambian, e incluso los más dedicados servidores de la comunidad se desvanecen en la memoria colectiva como las viejas muelas de un molino olvidadas en el bosque, ahora cubiertas de musgo y hiedra.

No obstante, aquellos que sí recuerdan al doctor John, como le llaman, están encantados de compartir sus experiencias. Su hijo, que lo sobrevivió, estaba en la última fase de un cáncer terminal cuando charlamos, a principios de 2021. Me confesó lo orgulloso que estaba «de [su] padre», a pesar de que a todas luces tenían una relación complicada. «Ojalá pudiera volver a hablar con él», dijo. «Si le soy sincero, su recuerdo aún me persigue, no sólo por el respeto que la comunidad le profesaba, sino también por el libro».

Su padre había llegado al valle en medio de una profunda nevada en aquel riguroso enero de 1947, dieciocho meses antes de que se estableciera el NHS. Recién incorporado a la vida civil tras un periodo como cirujano de la Marina, ésta sería su primera y única consulta médica; su hijo me contó que en el otoño del año siguiente su padre había escrito una carta personal y cortés a cada uno de sus pacientes en la que les decía: «Ahora forma usted parte del Sistema Nacional de Salud, así que no tendrá que pagarme. Muchas gracias». Me describió, asimismo, lo «esencial» que era para la identidad de su padre ser el médico de esta comunidad y que, a lo largo de sus treinta y cinco años de ejercicio profesional, moldeó la consulta a su propia imagen y semejanza, la de un inconformista. «Hoy en día eso sería imposible, pero él vivió su profesión como quiso vivirla». Aunque las consultas domiciliarias eran un elemento básico de la medicina general en aquella época, el doctor John prefería ver a sus pacientes en el consultorio, que constaba de una única sala, con todos sus instrumentos y medicamentos a mano. Se procuró una caravana VW de segunda mano que enviaba por el valle para recoger a sus pacientes y trasladarlos hasta su pequeño despacho, decorado con desvaídos muebles domésticos. «Instaló allí una línea directa que sonaba en nuestra casa», me explicó su hijo, «así que le decía a la gente: "Cuando llegue al consultorio, llame por el teléfono fijo que hay en la sala de espera y estaré con usted en cinco minutos". Tal era la tecnología de entonces: un Land Rover, una caravana y un teléfono».

A los agradecidos pacientes de aquellos primeros años del NHS a menudo les costaba comprender las bondades de la atención sanitaria gratuita. Un paciente, el propietario de un aserradero de los alrededores, puso un suelo de arce en la casa familiar del médico como muestra de su gratitud; otro, a cuya esposa agonizante había atendido el doctor John, compró uno de los primeros aparatos de electrocardiogramas que se instalaron en una consulta rural en el país. «Yo fui el primer conejillo de Indias de aquella máquina», refirió el hijo.

Puede que el libro de Berger haya perseguido al hijo del doctor John, pero, entre la mayoría de los vecinos actuales, goza de una trascendencia cada vez menor. Las excursiones esporádicas de estudiantes de Medicina que recorren la localidad en busca de los lugares emblemáticos de *Un hombre afortunado* generan cierta perplejidad. Las viejas familias de la zona a veces refunfuñan porque el libro califica a la población de silvicultores de «culturalmente desfavorecidos»: «El pueblo estaba un poco descontento porque pensaban que, en cierto modo, habían exagerado, se les había tratado como unos paletos». Aunque también me topé con un puñado de residentes orgullosos de señalar a sus parientes en las imágenes del libro: «Mi hermana y su novio salen en una de las fotos en el baile» o «Ése es mi abuelo, el del pelo cano». Una señora de noventa y nueve años, ahora confinada en casa, aparece en una de las fotografías de Jean Mohr de joven: una mujer esbelta, en la camilla de consulta de Sassall, con la falda subida por encima de las pálidas rodillas. «Hubo mucho revuelo con ese tema», cuenta su yerno. «Ay, a la abuela de mi mujer casi le da algo al verse así en un libro, pero creo que ahora está muy contenta de aparecer ahí».

Los recuerdos que perduran suelen estar relacionados no con el libro de 1967, sino con el propio doctor, que atendió aquí a sus pacientes desde finales de los cuarenta hasta principios de los ochenta. Tienden a girar en torno a los mismos temas: su pericia para los rescates médicos dramáticos, además de su posterior dedicación absoluta a sus pacientes, así como su proverbial costumbre de maldecir como un marinero y ciertos episodios ocasionales de llamativa excentricidad. Tras los relatos de amputaciones en una cuneta y apendicectomías en la mesa de una cocina, llegaron otros, como el de un bebé enfermizo al que curó de una peligrosa fiebre el día de Navidad, el de las visitas a la consulta a medianoche para evitar una anafilaxia, el de los partos (no le gustaba dejar los nacimientos en manos de la comadrona), el de su ternura para atender a los ancianos en sus últimas horas de vida y el de los aldeanos a los que paraba en mitad de un sendero porque había notado que tenían mala cara. Una vecina y amiga íntima se acuerda de haberle dicho a su hijo: «Por el amor de Dios, no le digas a John que te duele la cabeza o se presentará aquí». Y, en efecto, eso hizo el doctor: se llevó al niño para que le pusieran electrodos en las sienes.

Este aplastante sentido de la responsabilidad por la salud de toda la comunidad iba acompañado de una dolorosa franqueza. Varios aldeanos mencionaron que el doctor John no se andaba con ambages, y me hablaron de su impaciencia con quienes fingían estar enfermos y su desmesurado amor por las palabrotas. «A veces empleaba un lenguaje un poco grosero», reconoció un anciano que pensaba que no había un médico mejor en ningún lugar del mundo, «pero así era él, ya sabe. No le gustaba marear la perdiz».

La otra veta de afectuosa remembranza que ha perdurado en los cuarenta años transcurridos desde su fallecimiento está relacionada con anécdotas sobre su extravagante teatralidad y su energía. Por ejemplo, cuando se presentaba en sus visitas domiciliarias ataviado con indumentaria ecuestre de pies a cabeza, montado a pelo en el poni de un vecino, que, como era de esperar, mordisqueaba y pisoteaba las lechugas y los guisantes de olor que encontraba a su paso. O su decisión de librar al pueblo de una plaga de grajillas, para lo cual reclutó al jardinero de la familia con el fin de que lo llevara en coche por los alrededores, esta vez engalanado con traje de safari y escopeta. Mientras disparaba a aquellos latosos córvidos asomándose por la ventanilla abierta de su Land Rover, unos chavales corrían detrás con un saco para los pájaros muertos. El celo con el que movilizó a todos los hombres y niños para ayudar a despejar, drenar y replantar el foso abandonado del pequeño castillo del centro del pueblo quedó inmortalizado en una película bañada por el sol. Rodada por el propio doctor John, la pueblan hombres con boinas, rastrillos y hoces en ristre. De vez en cuando, su mujer, Betty, toma el mando de la cámara y se le puede ver a él con una gorra de peón, un pitillo y Hector, el sabueso de la familia, pisándole los talones, levantando una roca aquí o enderezando el ángulo de una bomba allá. Destila determinación y una suerte de felicidad. Al final de su carrera, el doctor John pasó algunos meses en China aprendiendo de unos médicos descalzos del interior rural los rudimentos de la acupuntura y a su regreso se paseaba por el pueblo con una túnica al estilo Mao y gorro, deseoso de practicar su nuevo arte con cualquiera que se lo permitiera. Una amiga íntima de la familia me contó que a veces mira atrás y se pregunta si esos ademanes de exuberancia camaleónica, por no hablar del lenguaje grosero, le servían de válvula de seguridad para la inmensa responsabilidad que sentía por cada hombre, mujer o niño de su lista de pacientes, a muchos de los cuales conocía como la palma de su mano.

Su hijo lo expresó así: «Mi padre era un hombre de muchos disfraces, y no me refiero sólo a la vestimenta. Estaba su disfraz de doctor para tratar con sus pacientes y sus colegas facultativos; su disfraz de Village Squire, que le permitía mezclarse libremente con la alta burguesía, pero asimismo con granjeros y jornaleros; su disfraz de intelectual urbano, porque era muy leído y podía hablar de Freud o de Conrad con tipos como Berger. Por último, estaba el familiar, para nosotros, sus tres hijos. Nunca pudimos penetrar esas máscaras, y quizá fue mejor así, pues creo que lo que ocultaban nos habría asustado. Betty, nuestra madre, fue la única capaz de atisbarlo o, al menos, de saber cuál era la máscara de turno para apoyarlo y protegerlo como fuera. Ella sabía reconocer en qué momento le asaltaban ideaciones suicidas y, que yo sepa, en tres ocasiones como mínimo logró adelantarse a ese acto. Pero en la cuarta ya no estaba».

En *Un hombre afortunado* se describen los episodios de depresión que asaltan periódicamente a Sassall y que se manifiestan en la obsesión por el bienestar de sus pacientes unida a una sensación de su propia insuficiencia ante su sufrimiento. Lo que se desprende al hablar con quienes lo conocieron es que esa depresión siempre había formado parte de su vida y que empeoró en los años siguientes a la publicación del libro. De hecho, no es ningún secreto que padeció lo que ahora se llama «trastorno bipolar» y que en el pasado se denominaba «depresión maníaca». Soportó en el hospital un tratamiento de terapia electroconvulsiva que aborreció y de la que aseguraba que no supuso ninguna diferencia. Es cierto también que intentó suicidarse en varias ocasiones sin éxito gracias a la intervención de su mujer, Betty, que se convirtió en una experta en detectar los signos de cualquier declive peligroso.

En *Un hombre afortunado* hay una omisión tan palmaria como problemática y, según creen algunos, imperdonable, pues la esposa del médico está excluida del relato. Sólo hace una breve aparición en la dedicatoria y en una única nota a pie de página: «Escribo este ensayo sin ánimo de hablar del papel de la esposa de Sassall o de sus hijos. Me centraré en la vida profesional del doctor».

Esto enfureció a aquellos amigos y familiares que sabían que, dada la naturaleza de la comunidad y el papel del médico en ella, tal separación era engañosa. En un lugar como éste, en un momento como aquél, los límites entre el trabajo y lo personal en el ámbito de la medicina eran muy porosos. Además, Betty desempeñaba un papel fundamental no sólo en los terrenos emocional y doméstico, sino también en el profesional. Dirigía la consulta, llevaba la contabilidad y dispensaba los medicamentos, aparte de desvelarse para que su marido estuviera bien. Era habitual que un paciente le dijera a ella: «Vaya, las pastillas que me dio el doctor John me han sentado mal» o «Vuelvo a tener dolores, Betty». Ella, que mediaba entre médico y paciente, se convirtió en una parte intrínseca de esa relación concreta que el libro se proponía explorar. Berger retrató a Sassall como una solitaria figura conradiana, un «capitán», cuando en realidad el buque Sassall se mantenía a flote gracias tanto a su mujer como a su atribulado comandante.

La confidente más cercana de Betty en aquellos años vive todavía en la misma casita de piedra, alargada y baja, cargada de rosales y madreselva. Se encuentra en la empinada callejuela detrás de la antigua casa de John y Betty, con sus finas chimeneas y sus ventanas, provistas de parteluz y con vistas a una amplia extensión del valle. Durante quince años, la amistad entre ambas familias fue inquebrantable. John la atendió en el parto de su hija en el dormitorio de arriba y provocó la risa de los presentes al servirle al perro la placenta en una cazuela de la cocina. «Era un personaje maravilloso», me contó la mujer. «Errático, excéntrico, emocionante, además de ser el médico más brillante y, por la forma en que se relacionaba con la gente, el más cariñoso. Lo malo eran esos cambios de humor impredecibles, pues, cuando aparecían las nubes negras, lo devoraban. John era un hombre muy pero que muy inteligente, y Betty lo era aún más. Yo siempre decía que él era griego y ella romana, en el sentido de que ella era práctica y él no; era un filósofo. Betty era su ángel de la guarda. La pobre me llamaba y me decía: "John está deprimido. Por favor, ¿puedes llevarte la pistola?". Y yo iba a buscarla y la guardaba bajo llave aquí, debajo de las escaleras. Y, aunque John tenía acceso permanente a todo tipo de medicamentos, Betty lo vigilaba como un halcón. Por aquí todo el mundo era más o menos consciente de que el doctor luchaba de vez en cuando, pero, a pesar de que estuviera deprimido, seguía siendo el *patrón*[1]. No sé si me entiende... Era como el cabecilla o el cura. La gente les tenía un cariño inmenso a los dos, ¿entiende? Los dos, John y Betty, eran patrones».

En 1981, a los sesenta y un años, Betty sufrió un repentino y catastrófico ataque al corazón y murió. Sin ella, el doctor John se quedó desorientado. «Supongo que se dio cuenta de que sin su mujer se estaba descontrolando», conjeturó su vieja amiga. «Se volvió más excéntrico, y sus jóvenes colegas de la consulta lo animaban a retirarse.

[1] En castellano en el original. (N. de la T.).

Imagino que pensó: "¿Qué hago ahora? Esto ha sido mi vida, es mi vida, mi consulta soy yo". Estaba solo, a la deriva. Entonces se jubiló y le hicimos una fiesta en el foso. Acudió una gran multitud, desde su paciente más viejo hasta el más joven; había mucha comida y bebida. Es probable que fuera ahí cuando cayó en la cuenta: "Ya está. Ya no soy el médico". Y eso hizo que su vida se desfondara, sin Betty, sin la consulta. Cuando ella murió, le dije a mi marido: "No creo que John dure mucho". Y eso fue justo lo que ocurrió».

El invierno que siguió a la muerte de Betty fue el más frío que jamás se haya registrado en esta parte del país. Peor incluso que el año en que llegaron, cuando el valle se arrebujó en la nieve acumulada durante semanas. El doctor John se jubiló justo cuando la primavera se abría paso y las vincapervincas y las prímulas de la linde del bosque empezaban a florecer. Su fiesta de despedida fue en abril, pero ni siquiera la redentora abundancia del verano siguiente, que henchía el valle que había a los pies de su casa y lo mudaba en un suave mar de verdor, consiguió evitar lo que muchos consideraban inevitable. Sus amigos y su familia no podían pasarse todo el santo día vigilándole y a mediados de agosto ya fue demasiado tarde.

En el obituario del doctor John en el *British Medical Journal*, en su número de otoño de 1982, no se menciona que se quitó la vida. Se limita cerrar el texto con esta línea: «En los últimos quince años, este trabajador infatigable estuvo perseguido por la mala salud, y la muerte de su esposa en 1981 aceleró la suya». Al cabo de unos años, John Berger añadió un epílogo a *Un hombre afortunado*: «No trato de encontrar aquello que podría haber intuido y no intuí», escribió, «como si en la relación que tuvimos hubiera faltado lo esencial; más bien ahora, desde su violenta muerte, y a partir de ella, miro hacia atrás y contemplo con mayor ternura lo que se propuso hacer y lo que brindó a los demás mientras pudo aguantar».

Con el pelo cano y ya jubilado, uno de los jóvenes médicos que trabajaron con el doctor John desde principios de los años setenta y en los turbulentos últimos nueve años de su vida considera su legado desde el más íntimo de los puntos de vista. «Esta mañana pensaba en John y en que no habría durado ejerciendo la medicina actual. Lo habrían echado por su excentricidad, pero lo que él me enseñó fue una forma totalmente diferente de ver la profesión y a las personas. En aquella época, estaba a años luz del resto de los médicos de cabecera».

Uno de los rasgos de los pequeños consultorios rurales, como éste, es que de vez en cuando se instaura un patrón que pasa de una generación de médicos a la siguiente. Naturalmente, con cada relevo se producen desacuerdos, desviaciones de las viejas costumbres, se toman nuevos rumbos, al igual que en cualquier familia, pero también existe un mecanismo intrínseco para que las ideas se transmitan. O al menos así ha sido en el valle.

«Llegué aquí con una formación médica bastante limitada y restrictiva, muy estructurada y jerárquica, y de repente me topé con John y me dije: "Caray, ¿eso se puede hacer?". Él me enseñó que cuidar de la gente y el arte de la medicina suponían mucho más que sentarse y dar pastillas a la gente, o abrirlos con un bisturí y coserlos después. Eran de veras un arte y requerían un concepto más amplio de lo que significa ser humano en lugar de ser alguien con un título médico colgado en la pared que dispensa medicamentos. Yo, que ya había pasado por la experiencia de atender en la consulta a cuarenta y cinco personas en una mañana, ya era consciente de que así no se solucionaba nada. Aquí, sin embargo, había tiempo para sentarse y charlar con la gente. Es una de las cosas esenciales de un consultorio rural: saber que formas parte de una comunidad. De John aprendí que cuidar consistía en escuchar, en comprender, en intentar ponerse en el lugar del otro, aceptarlo como es, reconocerlo como persona. Todo eso es de vital importancia para la salud del paciente. Es lo que John me legó, uno de los principios esenciales de la medicina general que corremos peligro de perder».

Tras la muerte del doctor John, él continuó trabajando otro cuarto de siglo más en los verdes pliegues del valle. Durante los últimos seis años de los treinta y cuatro que lleva aquí, lo acompañó una joven doctora de cabecera. Nunca la trató como si fuera una médica en prácticas, y se toma la molestia de señalar que, desde que llegó, la consideró una colega plenamente cualificada, pero admite que le brindó «algunas perlas de sabiduría, las cosas como son». A su vez, ella lo considera un mentor, pues le enseñó mucho sobre el ejercicio de la medicina en un lugar como éste. Al igual que uno puede parecerse a un abuelo al que nunca conoció, con el tiempo la joven crecería hasta encarnar algunos de los ideales del doctor John. Se había mudado unos años antes con su prometido a una pequeña casita en una aldea que quedaba justo al otro lado del valle donde se encontraba la antigua casa del médico de Berger. Desde lo alto de la tapia del jardín de Sassall se distinguía la piedra encalada de su casa, enmarcada por el bosque y, más abajo, por un prado: la última visión del hombre afortunado fue un nuevo comienzo para la mujer afortunada.

Una década antes, ella se había matriculado en la Facultad de Medicina en Londres. Debido a la soledad pastoral y los intensivos repasos para los exámenes del instituto, se plantó en la gran ciudad a sus dieciocho años como un torbellino. Decidida a vivir la aventura y el embeleso de aquellos dos últimos años de su adolescencia, se sumió de lleno en la vida londinense. Se sucedieron fiestas, muchas, y amistades, y amor. Pasó algunos días de enero no en el aula de conferencias, donde debería haber estado, sino congelándose en una caja de cartón frente a la Embajada de Estados Unidos para protestar contra la primera Guerra del Golfo. Se entregó a todo lo que aquella gloriosa y recién descubierta libertad tenía que ofrecerle, con la posible excepción de una escrupulosa atención a sus estudios. Suponía que la inteligencia con la que había logrado un intachable currículo académico en el bachillerato la sacaría adelante, y pronto descubrió que estaba equivocada. Suspendió varios exámenes finales. Y pasó un verano atroz preparándose para la repesca de septiembre. Aún recuerda el terror que sintió en la víspera de los resultados y cómo se lamentaba con sus amigos: la echarían, su vida y todos sus sueños se habían terminado. Uno de ellos se rió y le dijo que estaba «exagerando sus sentimientos», que todo iría bien, y por supuesto fue bien, y así comenzó el segundo de los cinco años de formación para convertirse en médica residente, tras aquella llamada de atención. Quería dedicarse a la medicina: se lo había dictado el corazón, pero ahora reparaba en que era el cerebro el que seguía ese dictado. Era la primera y la última vez que jugaría con fuego.

En el verano de 1995 se graduó con la máxima distinción de su promoción. Comenzaba entonces la verdadera tarea de convertirse en médica no en la teoría, sino en la práctica. En aquel momento su ambición apuntaba muy alto, por eso caló en ella el discurso dominante de aspirar a una especialidad hospitalaria. Sí, le habían encantado las prácticas de medicina general que hizo en el instituto y había sentido apego por esta rama en sus tiempos de estudiante, pero no podía evitar pensar que era demasiado buena para ese campo, tan cómodo y como de andar por casa. En un hospital encontraría *glamour* y dinamismo, un desafío intelectual, sin duda; allí habría más drama a vida o muerte, más heroísmo. Por eso dejó de lado cualquier proyecto de seguir el ejemplo del doctor Sassall en el libro que tanto la había hechizado a sus diecisiete años y se lanzó de cabeza a los dos años de prácticas como médico residente en un hospital. Quizá sería psiquiatra, pediatra, incluso cirujana. El mundo la estaba esperando.

La jefa de admisiones del departamento de Cirugía llevaba diez semanas gritándole. Era una mujer formidable que, tras haberse abierto camino en una de las especialidades hospitalarias en las que más imperaba el machismo, parecía creer que torturar a una médica joven era esencial para su iniciación. Daba la impresión de que le hubiera tomado una especial antipatía a la residente, una joven de pelo castaño claro, ojos atentos, aplicada y seria que se había incorporado a su equipo. Puede que la irritase la forma en que se tragaba su oprobio, como un papel secante, esforzándose cada vez más, haciendo listas cada vez más largas en su tablilla sujetapapeles de tareas pendientes y trabajando estoicamente en ellas: tachando las que terminaba, revisando y volviendo a revisar en un vano intento de esquivar el siguiente torrente de desdén, pues así era como había aprendido a sortear las dificultades: dejándose la piel. Eso sí, no había tenido una infancia ruidosa y no soportaba los gritos. No es que le faltaran agallas, pero la agresividad manifiesta siempre la había desconcertado. Ella no actuaba así.

Esas andanadas de hostilidad y desgaste, lejos de desarrollarse a puerta cerrada, se desataban a todo volumen en las salas repletas de pacientes en sus camillas, como si la humillación fuera una valiosa herramienta pedagógica y un entretenimiento tranquilizador para quienes padecían una enfermedad grave. Aquella mañana, los improperios empezaron por un escáner que, según la jefa de admisiones, necesitaba la anciana, muy enferma, de la cama 7, de la que la joven doctora llevaba varios días cuidando. Ella ya había ido a solicitarlo, pero el especialista se había negado a concedérselo, tras lo cual volvió a la planta, donde la recibieron los ladridos de la jefa. Aunque bajó de nuevo a toda prisa los tres tramos de escaleras hasta radiología, con una historia mejor aderezada con gestos de desesperación, lo volvieron a rechazar. La jefa de admisiones, después de escuchar la noticia, que la residente le susurró aterrada, montó en cólera junto a la cama de la paciente. Gritando a pleno pulmón, la reprendió por su estupidez, su ineptitud, su patética pérdida de tiempo. ¿Qué le pasaba? ¿Cómo llegaría a ser médica si ni siquiera podía cumplir con una tarea que cualquier idiota habría hecho con los ojos cerrados? Las descalificaciones no parecían tener fin. La joven, abrumada por la vergüenza, estaba paralizada; las lágrimas comenzaron a caer en el linóleo azul, a sus pies. Sin embargo, en medio de aquel maremagno de palabras mordaces, vio el brazo de la anciana de la cama 7, que hasta entonces había guardado silencio, estirarse hacia ella. Aquella pequeña y huesuda mano que se hallaba al final de sus días se deslizó en la suya y la apretó con fuerza. Estuvieron casi un minuto, la médica y la paciente, cogidas de la mano, hasta que los gritos se apagaron. La anciana de la cama 7 murió cuarenta y ocho horas después.

Si esta escalofriante vivencia no hubiera estado precedida por seis felices meses trabajando en medicina general y geriatría, la doctora habría dejado la medicina en aquel mismo instante. Así las cosas, progresó hasta el siguiente puesto de residente en ortopedia, donde volvió a sentirse valorada, capaz de hacer lo que se esperaba de ella, y consiguió reavivar su amor por el trabajo. Con todo, su mortificación por aquel episodio, la sensación de que habían fallado a una moribunda, se le quedó grabada y le enseñó unas cuantas lecciones vitales sobre el tipo de profesional que quería ser. Primera: si un paciente te consuela a ti, cuando eres tú quien debería estar consolándolo, entonces algo no funciona en tu forma de trabajar. Segunda: el acoso laboral, ya sea manifiesto o sutil, es perjudicial tanto para el médico como para el paciente. Tercera: la relación con los pacientes, su reciprocidad, es importante, y a ella le importaba más que cualquier otra cosa; en el futuro lucharía por cultivarla. Cuarta: las personas, incluso al mismo borde de la muerte, son sorprendentes, y olvidar esto es un peligro.

Las dos mujeres rondan la veintena, tanto la madre del niño como la joven doctora, que ahora se encuentra a mitad de camino en su formación clínica, aunque la tersura propia de la juventud parece estar en decadencia para ambas. En el caso de la primera, la culpa la tienen tres años de maternidad; en el de la segunda, tres años como médica residente. Comparten, eso sí, horarios agotadores, falta de sueño crónica y el peso de una responsabilidad que las ha obligado a madurar rápido, aunque no es el momento de hablar de todo eso. El niño, retorciéndose y lloriqueando en el regazo de su madre, es su única preocupación. Eso también lo comparten.

—Se trata de una infección de oído —informa la doctora a la madre tras haber estudiado el historial y realizado un examen minucioso del inquieto y febril paciente—. El dolor de oídos puede ser muy desagradable —explica mientras visten al pequeño y lo colocan en el cochecito, listo para el viaje de vuelta a casa a través de la ciudad.

La joven doctora está organizando los antibióticos de la farmacia del hospital cuando la madre le pregunta:

—¿Esta erupción estaba aquí antes?

La mujer ha metido el dedo por el cuello de la camiseta de su hijo para revelar unos puntitos rojos que se extienden por el cuello y el hombro. A la médica se le encoge el estómago.

—No —responde—, echemos otro vistazo.

Después de quitarle la ropa al pequeño paciente, que no deja de chillar, y tenderlo en la camilla, la residente ve la clásica erupción meningocócica, que se extiende con alarmante rapidez: primero por el pecho y la espalda, y luego por los brazos, las piernas y la cara, los granitos proliferan formando manchas rojizas ante sus ojos.

—Por Dios —dice la madre—, ¿qué es esto?

Desde el otro lado del hospital, les llega el ulular de una sirena que se ha detenido en el aparcamiento destinado a las urgencias. La respiración de la madre se acelera; la de la doctora, también, aunque reza para que la otra no lo note. Se siente perdida.

—De acuerdo —concluye—, ya veo. —No está segura de que su deliberado tono de calma resulte convincente—. Creo que deberíamos consultarlo con el especialista, que justo está haciendo la ronda por la sala. Siéntese un momento.

Caminando a toda prisa sin llegar a correr, se dirige al puesto de enfermeras y susurra unas palabras a una de ellas, que se apresura a buscar al especialista. Regresa junto a la madre y el niño, pero casi en el acto le cede la urgencia al especialista cuando éste entra en la salita y toma el control. Se retira al aseo del personal, al fondo del pasillo, cierra con llave y llora convulsivamente por lo cerca que ha estado de equivocarse. Luego se echa agua fría en la cara, se la limpia con una áspera toalla de papel hasta que recupera un aspecto más o menos presentable, respira hondo y regresa a su puesto para atender a más niños enfermos y a más padres preocupados.

El pequeño con meningitis pasa los diez días siguientes en la unidad de cuidados intensivos pediátricos. Hay momentos en los que no es seguro que sobreviva y la joven doctora acaba más de una vez en un cubículo del lavabo, llorando de puro terror al pensar en la profesión que ha elegido. Sin embargo, en los años venideros, al recordar días como ése, los verá como un aprendizaje agotador pero esencial para gestionar el miedo; para gestionar, de hecho, todas sus emociones.

Hay mucho miedo en el trabajo de un facultativo. Llámese estrés o presión si se prefiere, pero en los albores del aprendizaje del oficio a menudo es simplemente terror a la antigua usanza. Un pánico paralizante. La joven doctora tenía sus recursos para manejar el miedo cuando era niña, que, según dice, aprendió «de los mejores». Si, por un lado, su padre le inculcó optimismo, por el otro, fue su madre quien siempre mostró una capacidad casi sobrehumana para la calma. Durante su infancia, esta última hizo alarde tanto de compostura como de un gran talento para tomar decisiones mesuradas y eficaces en una amplia gama de emergencias rurales. Consiguieron, de hecho, salvar la granja familiar de una gran tormenta que amenazaba con arrancar el tejado gracias al juicioso uso de cuerdas y bloques de hormigón con los que la amarraron a la colina, del mismo modo en que se habría asegurado la carga en la cubierta de un barco. Prácticamente cada año surgía algún problema en el parto de las vacas y las yeguas, pues muchas crías se quedaban atascadas a medio camino antes de venir al mundo. Hubo incluso un remolque para caballerías que se averió en la M4 en pleno vendaval, y tuvieron que bajar los caballos de carreras al arcén mientras lo reparaban bajo los relampagueantes rayos. Tal vez no resulte sorprendente que la madre de la doctora se reciclara en enfermera una vez que su hija entró en la Facultad de Medicina. Con el tiempo, obtuvo el título de enfermería neonatal avanzada y hoy por hoy cuida de bebés enfermos cuya vida corre peligro durante su traslado en ambulancia aérea. Su inalterable temperamento es idóneo para ese trabajo.

En cuanto a su hija, creció observando cómo ella se desenvolvía bajo presión. Aprendió también cómo hacerlo aunque al principio no le saliera de un modo natural. Con el devenir del tiempo, las pasiones exacerbadas de sus años universitarios, aquella «exageración emocional» de la que se burlaban sus amigos, dieron paso a algo más matizado. La intensidad de los sentimientos seguía presente, igual de apremiante, pero poco a poco aprendió a colocar un entrehierro entre las impresiones fuertes y la templanza necesaria para actuar en una crisis. Aunque se trató de un descubrimiento casual, una simulación espontánea e intuitiva de la estudiada tranquilidad de su madre, al descubrir que funcionaba y que la ayudaba en el ejercicio de su profesión, la doctora hizo suyo ese comportamiento. Casi veinticinco años después, es uno de los aspectos de su personalidad que destacan sus colegas de la consulta del valle: conserva la calma en cualquier situación.

El edificio del hospital era toda una declaración de intenciones. El heroico modernismo de su mole de hormigón, concebido cuando el NHS estaba en pañales, evocaba un futuro en el que la gran máquina de la ciencia moderna vencería los caprichos del sufrimiento humano. Una vasta fachada con seiscientas treinta y siete ventanas idénticas dispuestas en siete largas hileras lanzaba su mirada médica hacia la ciudad, a cuyos enfermos prometía atender por millares. Lo diseñó a finales de los cincuenta un aspirante en serie de los concursos de arquitectura, cuyos radicales planos para la catedral de Coventry y la Ópera de Sídney habían quedado descartados. La construcción no se completó hasta más de una década después, transcurridos unos años desde la muerte del arquitecto. La reina inauguró el hospital en el invierno de 1971, tres semanas antes de que la médica residente, a ratos dada al llanto en los aseos del personal, naciera.

Este tipo de monolitos brutalistas ya se estaban pasando de moda cuando el guante blanco de su majestad tiró del cordel para descubrir la placa conmemorativa. A finales de los noventa, la lóbrega losa del edificio principal estaba rodeada por un extenso campus de modernos bloques más pequeños y aparcamientos. Se había intentado alegrar la zona con unos cuantos arbustos, unos árboles jóvenes y un par de rectángulos de hierba rala dispuestos de manera poco metódica, pero en su mayor parte consistía en aceras largas y estrechas, y en altos muros adornados únicamente con zumbantes aparatos de aire acondicionado, pórticos de acceso y, de vez en cuando, una puerta cortafuegos. La joven médica odiaba todo eso. Cuarenta y tantos años después, aquella imagen arquitectónica de modernidad e igualdad de 1959 se le antojaba de una uniformidad distópica. Parecía no estar en consonancia con el respeto por el individuo que, según le habían enseñado, era fundamental en la medicina moderna. A eso se sumaba el miedo que sentía cada vez que, al sonar el estrepitoso pitido de emergencia en mitad de la noche, tenía que recorrer casi un kilómetro a toda prisa a través del campus desierto desde el bloque de los médicos residentes. Se hizo con una alarma antivioladores y su tío le había regalado un bote de no sé qué dudoso espray, por si acaso.

Había deseado con toda su alma conseguir aquel trabajo. Había demasiados candidatos y la entrevista fue dura, así que se alegró mucho cuando le concedieron aquel codiciado puesto en el ala infantil. En aquel momento, estaba convencida de que la pediatría era su vocación. Siempre le había gustado trabajar con niños y, debido a sus anteriores prácticas pediátricas, era consciente de que esta especialidad conllevaba más continuidad asistencial que muchas otras. Los enfermos y sus familias volvían una y otra vez, tanto para consultas ambulatorias como para ingresos, y ella disfrutaba de estas largas relaciones forjadas en numerosos encuentros.

Empezó, pues, llena de esperanza; pasaría dos años allí. Los horarios eran agotadores, cincuenta y seis horas repartidas en turnos entre los cuales dormía a ratos *in situ*. Aprendió, más o menos, a lidiar con eso, pero lo que más le costó fue asimilar la cultura de acumulación de diplomas de aquel departamento, muy diferente de cualquier otro en el que hubiera trabajado antes. Allí nadie parecía saber su nombre ni tenía tiempo para dedicarlo

105

a una enseñanza personalizada. Por supuesto, evolucionó muchísimo profesionalmente y hoy afirma que no se habría perdido aquella experiencia por nada del mundo, pues es una mujer predispuesta a encontrar el lado bueno de las cosas, pero la sensación de ser un engranaje diminuto y anónimo en una vasta máquina no encajaba con su temperamento. En absoluto.

A pesar de que había madurado desde aquellas epifanías de su adolescencia tardía —¡el lebrato!, ¡la canción!, ¡el libro!—, eso no le impedía seguir dejándose llevar por una suerte de poderosa e instintiva resolución. No es que viera el mundo en blanco y negro. Para nada. Sabía que gran parte de la vida se vive en las zonas grises, pero algo en su enérgico compromiso emocional con el presente, el mismo rasgo de su carácter que la convertía en una médica empática, la movía a tomar decisiones impulsivamente.

Los recelos subliminales sobre el trabajo irrumpieron en primer plano al final de un turno larguísimo, hacia el final de su segundo año. Había estado de guardia toda la noche, yendo y viniendo por el campus, verdadero paraíso de cemento para los atracadores, cuidando de una niña con diabetes tipo 1 cuya glucemia, que seguía cayendo en picado, la estaba poniendo en peligro. No había podido echar ni una cabezada. Al mediodía siguiente la llamaron a la consulta del especialista y le dijeron que también tendría que cubrir la noche siguiente, ya que una compañera estaba enferma. En los últimos tiempos las bajas del personal habían aumentado, quizá debido a la cáustica cultura del departamento, por lo que la dirección decidió que no las cubrirían los interinos, sino el propio equipo. Era una especie de castigo colectivo. La joven doctora explicó al especialista que no podría hacerse cargo aquella noche. Su gato no se encontraba bien y tenía cita con el veterinario, pero su superior no quería excusas y se puso delante de la puerta para cortarle el paso. «Si acabo de terminar mi guardia...», dijo ella visiblemente disgustada, «estoy agotada». Él le contestó que no era su problema, que ésas eran las reglas y que no la dejaría marcharse hasta que aceptara. Como era de esperar, claudicó, pero algo se había roto. Por la mañana, al releer la página de vacantes del *British Medical Journal* encontró un puesto de prácticas para médicos de cabecera no muy lejos de allí y lo solicitó en el acto. La entrevista fue la tarde siguiente. Al cabo de tres días, dejó su puesto y salió por última vez de aquel mastodonte de mil ojos.

Cualquiera que haya trabajado alguna vez en urgencias, o en cualquier otra rama de la medicina en realidad, sabe que, en apenas un segundo, la vida puede dar un vuelco, y que a menudo lo hace. Quizá la historia habría sido más lineal si la transición de la joven médica desde la pediatría hasta la atención primaria no hubiera sido uno de esos momentos de cambio radical y, en su lugar, fuera consecuencia de una estrategia serena y vocacional. Aun así, tras algo que podría parecer una decisión arbitraria e impetuosa —el agotamiento, un gato enfermo, un jefe con malas pulgas, un edificio horrendo—, se esconde la esencia misma de por qué acabaría adaptándose tan bien a su nueva vida; de hecho, por qué tiene más en común con el médico de *Un hombre afortunado* de lo que parece a primera vista.

Esa voluntad de vivir el presente, esa instintiva capacidad de ocupar, reflexionar y responder al ahora, tanto emocional como intelectualmente, se sitúa en el núcleo de la relación médico-paciente tal y como se desarrolla en la medicina general. Si el bisturí es el instrumento esencial del cirujano, la relación personal es el del médico generalista. Construir buenas relaciones exige tanto espontaneidad como criterio. Reunir, en cada una de esas citas de diez minutos, la empatía, la precisión, la colaboración en la toma de decisiones y la astucia en la gestión de riesgos requiere la capacidad de borrar la pizarra con cada encuentro. Se trata de mirar y escuchar con sumo cuidado, exprimiendo cada vestigio verbal y no verbal de significado de esos escasos seiscientos segundos; luego, si se tiene la suerte de contar con una alta proporción de pacientes antiguos, de tejerlo todo a lo largo del tiempo. Es un trabajo que requiere corazón y cerebro. La joven doctora, entonces médica de cabecera en prácticas, se sintió al fin capaz de utilizar ambos como nunca lo había hecho, pues lejos de ser órganos antagónicos, estaban en un delicado equilibrio. Todavía hoy, más más de dos décadas después, observarla con los pacientes es descubrir las ráfagas de emoción y amistad, de humor o de preocupación, en su rostro, como el efecto que el clima cambiante tiene sobre un paisaje.

La primavera comienza en el valle desde abajo hacia arriba.

El renacimiento comienza discretamente en el suelo mientras el cielo sigue plomizo, mientras las ramas aún están desnudas y el aire todavía se siente húmedo y frío, mientras la niebla continúa aferrándose al río y las bromas de los niños, bien abrigados en la parada del autobús escolar, forman nubes de vaho. Para quien sólo mira de pasada el paisaje o el calendario, todavía es invierno, pero, en los escarpados bosques, el color empieza a bullir. El musgo y el liquen que alfombran cada roca, cada pared, se enroscan en los tobillos de cada árbol, comienzan a brillar luciendo un vibrante y vívido verde esmeralda. Mucho antes de que los narcisos y las campanillas que aparecen en las postales hagan su entrada, este asombroso verdor es el sello de la próxima estación, un tótem de renovación, legible únicamente para quienes viven aquí.

Desde hace siglos, el valle tiene dos caras que miran en direcciones opuestas, como el propio Jano. Una está vuelta hacia el mundo y atrae a visitantes durante los meses más cálidos. Impacientes por participar de la majestuosidad de la naturaleza, es fácil verlos buscando los bosques de campanillas en sus mapas del Organismo Cartográfico Nacional, publicando las vistas en Instagram o haciendo pícnics al estilo arcadio a la vera del río, para furia de los pescadores locales. Hace doscientos años o más había poetas, pintores y estetas variados que se dedicaban a cosas parecidas. Acudían en tropel a la caza de lo sublime y fueron generosamente recompensados por los riscos, las brumas y los bosques, por los hoscos campesinos y sus exquisitas moradas casi en ruinas. En su lugar ahora hay pelotones de ciclistas urbanos vestidos de licra que fastidian el verano a los residentes, pues su objetivo de estar en buena forma física provoca atascos en la carretera que serpentea paralela al río desde un extremo de la garganta al otro. Dada la realidad financiera de la agricultura y la industria artesanal, hoy en día cuesta más ganarse el pan enviando al resto del mundo los frutos de la labor del campo y de la tierra: es más efectivo atraer a la gente. Así las cosas, también hay muchos visitantes que hacen *paddleboard* y nadadores feroces, pilotos de drones, piragüistas y cuadrillas de adolescentes cabizbajos que, con sus mochilas a cuestas, están galardonados con los Duke of Edinburgh's Awards. Los lugareños ponen los ojos en blanco cuando se topan con alguno: prefieren preservar su valle para sí mismos. «Es como un área de recreo», se queja uno. «Un parque enorme. Excursionistas de un día, Airbnb y todo eso...».

El valle, con todo, tiene otra cara, una que guarda para sí: sus alegrías más bellas y sutiles, unas alegrías fugaces que los turistas se pierden, pues sólo recompensan a unos sentidos familiarizados con ellas. El brillante musgo de febrero es una de ellas, pero hay muchas otras: el trío de cervatillos que, ufanos, pasa por delante de la ventana de la cocina masticando manzanas robadas; la luciérnaga que emite señales nocturnas desde las grietas de la tapia del jardín, aún caliente tras un día soleado; los chotacabras que chasquean y traquetean en el críptico crepúsculo de las tardes tranquilas y cálidas en los brezales que crecen por encima el río; el rugido oceánico del bosque durante la tormenta; los senderos ocultos, tan poco transitados que, en invierno, las ornamentadas tracerías de telarañas se congelan y semejan puertas barrocas; la espectral maraña de niebla a la que llaman Dama Blanca, que se dispersa y forma espirales sobre las aguas del río; el gran mar de bruma otoñal del que sobresalen las tierras altas del valle, un archipiélago esbozado a lápiz. Tales son los dones que cautivan y suspenden los corazones de quienes tienen su hogar en estas tierras. Marcan el tiempo, el cambio y la continuidad. Es la relación entre el paisaje y los seres humanos en su estado más íntimo.

La ley parlamentaria que allanó el camino para la protección de este valle y su designación como reserva natural formaba parte del mismo programa legislativo de la reconstrucción de la posguerra que creó el NHS, el Servicio Nacional de Salud. Aprobada al año siguiente, la Ley de Parques Nacionales y Acceso al Campo se consideró complementaria del nuevo NHS, un medio para promover la buena salud mental y física a través del ejercicio y el disfrute de la naturaleza. La naturaleza y la buena salud tenían una agradable simetría que a la doctora, en aquel entonces ya plenamente cualificada, no le pasó desapercibida mientras sopesaba su primer paso profesional como médica de familia.

La primera vez que visitó el valle aún era médica residente en Londres, donde se había enamorado de un joven que se había criado en los alrededores. Recuerda que en aquella ocasión se detuvo con él en las tiendas de las aldeas que jalonaban la carretera. Un niño pequeño entró a una para pedir consejo sobre qué darle de comer a un grajo con un ala rota que se había encontrado. El tendero, que se tomó la pregunta muy en serio, le sacó del almacén pienso para grajos heridos y se enfrascó en una conversación sobre las condiciones óptimas para la convalecencia del animal. No le cobró al niño el pienso y nadie en la cola pestañeó por haberse visto obligado a esperar para pagar mientras trataban el tema. Entonces la joven médica también se enamoró perdidamente del valle, dos amores gemelos entrelazados. Aquí podía respirar, pensar... En cuanto la carretera dejó atrás el pueblo en un extremo del valle y giró abruptamente hacia el enmarañado bosque, se sintió a la vez libre y protegida. Al cabo de unos años, en primavera, la pareja compró la que sería su primera casa juntos, una casita de piedra encalada con un pequeño prado para un caballo, situada en la ladera que domina el río. El verano siguiente, su padre y ella, con flores prendidas en el pelo, bajaron en poni la empinada colina desde la casita hasta la iglesia del pueblo. Allí se casó, a menos de tres minutos a pie de la consulta del médico donde pronto decidiría pasar el resto de su vida laboral, aunque aún no lo supiera.

El anuncio era para un médico asalariado a tiempo parcial, con sólo tres consultas a la semana en el ambulatorio local, con sus dos edificios gemelos a sendos lados del río. Así que solicitó el puesto, además del de médico de cabecera con una jornada de dos horas al día en un consultorio de un pueblo a quince kilómetros de distancia. En los tres años que llevaba viviendo en el valle, había realizado un puñado de trabajos en hospitales del condado para completar su formación, pero ésta era una gran oportunidad de compaginar trabajo y vida. Muchos médicos generalistas se niegan a hacer algo así, ya que prefieren desplazarse grandes distancias antes que la insularidad como de pecera de atender a la comunidad del lugar donde viven. La cuestión principal son los límites. ¿Cómo puede un médico ser amigo y vecino al mismo tiempo? Y, si ese papel plural es posible, ¿es saludable? Asimismo, surgen otras reservas asociadas al trabajo en un consultorio rural: la dificultad de encontrar cobertura local, el potencial aislamiento y, por aquel entonces, en el año 2000, la potencial obligación de estar localizable las veinticuatro horas del día. Sin embargo, es la falta de anonimato lo que hace que muchos médicos se estremezcan. La perspectiva de no poder pasear al perro sin que alguien le salga al paso para acribillarlo a preguntas sobre el último de sus síntomas, o la imposibilidad de ir a comprar sin que las patatas fritas precocinadas para hornear y el vino de su carrito susciten comentarios sería un infierno para algunos. Aun así, a esta doctora le parecía un precio que merecía la pena pagar por esa sensación de arraigo que siempre había anhelado. Aquí se le ofrecía una oportunidad de formar parte de una comunidad

115

unida, guardando cierta distancia con ella a la vez que convirtiéndola en su hogar. Además, ya sabía que también deseaba continuidad en el ámbito profesional; que, cuanto mejor conocía a sus pacientes, más sólidos eran los cimientos de su práctica clínica en algo que sentía cálido y humano, lo cual a su vez mejoraba la atención que un médico es capaz de prestar.

Y así, mientras el aire adquiría las tintas del frío otoñal, el exuberante verdor de los bosques estivales se iba moteando de amarillo y el rumor del viento a través de las hojas se volvía más sibilante, la doctora comenzó su labor en la consulta del valle.

Trabajaba, sin saberlo, con quien había sido compañero del doctor John, el «hombre afortunado». De lo que ella y el médico mayor charlaban durante sus almuerzos a base de sándwiches era del futuro de la consulta, no del pasado, y, de todos modos, ella se había olvidado del libro de Berger, pues no tenía ni idea de que estaba relacionado con su paraíso personal. En efecto, aquellos fueron unos años turbulentos para su profesión. Unos meses antes un médico de cabecera de provincias, el doctor Harold Shipman, había sido condenado por el asesinato de quince de sus pacientes femeninas y se sospechaba que era el responsable de la muerte de hasta doscientas cincuenta. El juicio y la consiguiente investigación pública dieron lugar a una serie de cambios en los procedimientos, la práctica y la supervisión médicos. Fue la gota que colmó el vaso del paternalismo de la vieja escuela, del que el doctor Sassall había sido su cénit benigno y Shipman el nadir abominable. Los modelos de confianza en la relación médico-paciente se desplazaron hacia una relación más igualitaria, de la cual se esperaba un trabajo conjunto, un mano a mano en lugar de un simple cara a cara. Aunque no está directamente relacionado con lo que llegó a conocerse como «el efecto Shipman», en 2004 se negoció un contrato revisado para los médicos de cabecera, y eso puso fin a la responsabilidad que debían asumir por sus pacientes las veinticuatro horas del día. La atención nocturna y durante los fines de semana quedó fuera del ámbito de trabajo del médico de familia, algo que habría sido inimaginable (y una sospecha que resultaba inconcebible) para el doctor John. Sin embargo, ella, su heredera médica, comprendió que las estaciones se suceden, el mundo gira y que, si iba a formar parte de esa futura generación de médicos generalistas, de nada serviría lamentarse por una época ya muerta y desaparecida. Tendría que crear a una nueva médica rural a su imagen y semejanza, preservando, en la medida de lo posible, todo lo valioso del viejo mundo, pero siguiendo asimismo el ritmo de lo contemporáneo.

En sus primeros años en el valle trató de encontrar su camino como doctora, en todos los sentidos de la expresión. De hecho, en aquella época, antes de que existiera el navegador por satélite y una cobertura decente de telefonía móvil, se perdía cada dos por tres cuando le tocaba pasar consulta a domicilio.

En esta parte del mundo no hay calles como tales, sino más bien un laberinto de callejuelas verdes sin señalizar con setos que sobresalen en verano, estrechos muros de piedra seca y altas hierbas que crecen en mitad de la carretera. Hay poca lógica en sus sinuosidades, sus bifurcaciones y sus ocasionales y sorprendentes callejones sin salida, donde los caminos, olvidándose de sí mismos, se pierden y lo único que enfocan los faros del coche son los árboles. Las direcciones suelen consistir en el mero nombre de la casa, el del pueblo y un código postal, algo cuya ayuda es cuando menos dudosa, incluso en la era de Google Maps. Muchos de los códigos postales rebanan perversamente las empinadas laderas del valle, con casas a diez minutos en coche que comparten los mismos, e inútiles, siete caracteres, mientras que los límites de los pueblos están trazados de una manera caprichosa que les es propia. Es más: varias de las aldeas más pequeñas carecen de cualquier tipo de señalización que las identifique. Para colmo, las casas a menudo no tienen nombre alguno en la puerta, por lo que es normal que uno llegue a su destino sin saber si se encuentra donde debería. A los lugareños, en secreto, siempre les ha encantado esta geografía arcana que confunde a los forasteros, pero, para la joven médica de rostro lozano que acababa de llegar a la consulta, hicieron de buen grado una excepción. Ella tomó la determinación de pedirles a los pacientes que dejaran encendida una luz del piso de arriba, una toalla colgada en la verja o los intermitentes del coche puestos para que pudiera encontrarlos.

Para la doctora, este calvario a la hora de orientarse se vio acentuado por las vetustas dimensiones de los vericuetos, más apropiadas para carros y caballos que para vehículos de motor. Con frecuencia, al hacer un giro de cuarenta y tres grados en una pista estrecha, acababa abollando el parachoques en un abrevadero de piedra cubierto de maleza, un tocón o un muro irregular. Que uno deja de preocuparse demasiado por las abolladuras es en el valle un artículo de fe. Aun así, algunas experiencias alarmantes con pacientes (por lo general ancianos y varones) que al final de la visita cojeaban hasta la puerta para «comprobar si la doctora salía sin dificultad» le enseñaron a dejar el coche mirando hacia la salida, para facilitar la maniobra.

Ardid que no fue posible la noche en que la llamaron para atender a un hombre a quien no conocía. Hacía poco que le habían diagnosticado un cáncer de pulmón y había dejado la ciudad para mudarse a su casa de vacaciones mientras se hacía a la idea de un pronóstico sombrío. Los informes de su médico aún estaban en tránsito, así que cuando la doctora llegó a la casa aquella noche, bajo una lluvia torrencial y tras perderse en el bosque, apenas si tenía una idea aproximada de su situación. Como la grava frente a la entrada estaba atestada de coches —su clan familiar se había reunido para hacer frente a la emergencia—, aparcó en un rincón, dejó las llaves en el salpicadero y se apresuró a entrar. Siguió una consulta agotadora. El hombre estaba sin aliento y asustado, en un feroz estado de negación de la gravedad de su enfermedad, y ella sólo disponía de un par de papeles para dar cuenta de lo que le estaba ocurriendo. Y ninguno de ellos era la historia del oncólogo que lo había tratado ni de su médico anterior. Lo reconstruyó todo como buenamente pudo mientras él hacía pausas para toser sangre; mientras su mujer, presa del pánico, le tiraba de la manga a la doctora cada vez que daba informaciones contradictorias; y mientras el tumulto de afligidos familiares cuchicheaba en el vestíbulo. Estuvo bastante rato con él. Cuando por fin salió a la húmeda noche, emocionalmente agotada, un joven la llamó desde la puerta de entrada, abierta e iluminada.

—Gracias, doctora, muchas gracias. —Le temblaba la voz. Enseguida se dio cuenta de que era una versión más joven del moribundo con el que había estado dentro—. Espero que no se lo tome a mal. Le he dado la vuelta a su coche para que pueda salir. —Ella se lo agradeció—. Y también un lavado rápido. No se piense que soy un grosero... Sólo quería hacer algo porque...

—Vamos, dígalo —le animó ella, sonriendo.

—Nunca había visto un coche blanco tan sucio.

Durante un rato, los dos rieron juntos bajo la lluvia. Comenzaba a ser consciente de que las alegrías de su labor no sólo provenían de los momentos más ligeros. Empezaba a amar su trabajo.

Cuando llevaba más o menos un año en el valle, el marido de la doctora, aún en la veintena, sufrió una prolongada y grave enfermedad. En un periodo espinoso para la atención médica, ella lo acompañaba a sus numerosas citas hospitalarias cuando sus obligaciones se lo permitían. Fue una época aterradora, y para ahuyentar el desasosiego de esas horas de espera, descubrió que estaba leyendo más de lo que había hecho en años. Los libros siempre habían sido un refugio para ella, pero, dado que le costaba concentrarse, ahora recurría al consuelo que antaño le habían ofrecido: *Azabache*, *El castillo soñado*, *El mar alrededor*. Un día, buscando en sus estanterías uno de sus favoritos para tranquilizarse, se topó con el ejemplar de segunda mano de *Un hombre afortunado* que había comprado cuando estaba en el instituto. Desde entonces lo había releído dos veces, una vez en la Facultad de Medicina mientras hizo prácticas en Medicina General y otra durante su formación de médico residente. En cada ocasión, la historia del doctor Sassall le había enseñado algo nuevo sobre el misterio de la práctica sanitaria: la relación entre la enfermedad y la persona en su totalidad, la aflicción y el afligido. Había aprendido, de primera mano, que entender y honrar esa relación era fundamental en el trabajo de un médico. También ahora comprendía algo que se le había escapado de adolescente: que aquel relato no sólo trataba sobre un oscuro médico rural, sino que estaba relacionado con algo universal en la experiencia de los doctores y sus pacientes en todas partes. Por melancólico que fuera, aquel texto tenía algo de redentor, tal vez porque el personaje central era un hombre fundamentalmente bueno, además de un buen médico. Era la lectura perfecta para un momento como aquél. Cogió *Un hombre afortunado* de la estantería y se lo metió en el bolso para leerlo más tarde, ese mismo día, en el hospital, segura de que la ayudaría a sentirse mejor.

Sentada en la rígida silla de plástico de la sala de espera, la revelación fue casi física: estaba hojeando el libro, distraída, deteniéndose en las imágenes, y al llegar a la última se sobresaltó.

La fotografía muestra al médico en los años sesenta, con chaqueta de *tweed* y pantalones de pana, de espaldas a la cámara, subiendo penosamente con sus zapatos negros, lustrados de un modo incongruente, un empinado sendero cubierto de maleza hasta una casita blanca. Está enmarcado por las ramas, cargadas de frutos, de un pequeño huerto. En lo alto del camino, tapizado de hierba, con un vestido oscuro y un largo delantal blanco, la diminuta figura de una mujer lo observa aproximarse, con una mano levantada para saludar o para protegerse los ojos del brillante cielo que se refleja en las ventanas de la cabaña tras ella.

La doctora se estremeció. Conocía esa casa, ese camino. Conocía esos manzanos. Apenas unas semanas antes, en una consulta a domicilio a un paciente anciano, ella misma había subido por allí hasta aquella misma puerta trasera. Se sintió primero aturdida y luego estúpida por no haber sido capaz de atar cabos antes. El libro que tan decisivo había sido para su vocación médica trataba sobre su valle, sus pacientes.

Al día siguiente, en la pausa del almuerzo, la doctora mencionó su descubrimiento a su compañero mayor, que se lo confirmó y le dio algunos detalles. El doctor Sassall había vivido en aquella preciosa casa con la pintura azul y las altas chimeneas del otro lado del valle. El modesto edificio de piedra, ahora una casa particular que se alzaba en una lengua de tierra entre dos callejuelas, había sido su consulta, aunque, por supuesto, había visitado a sus pacientes por todo el valle. También se enteró de la trágica posdata del doctor John. La edición que ella tenía del libro de Berger era anterior a la muerte de Sassall, por lo que no sabía cómo había acabado la historia. Su sensación de agotamiento se exacerbó al pensar que desde su propia puerta había estado mirando hacia donde «el hombre afortunado» había muerto en tan terribles circunstancias.

Sin embargo, a lo largo de los meses siguientes, fue el legado de su vida, y no su muerte, lo que ocupó sus pensamientos. El privilegio de trabajar, aunque fuera una parte de la semana, en su antigua consulta fue como una confirmación. Sin duda, la mera sincronicidad de todo ello presentaba una oportunidad, la posibilidad de desarrollar y modernizar su herencia de medicina longitudinal, basada en las relaciones personales con los pacientes, y dentro de una comunidad que ella ya había empezado a amar. Su colega, de más edad, antiguo compañero del doctor John, andaba no muy lejos de la jubilación, por lo que la doctora discretamente le dio a entender sus aspiraciones y, liberándose al fin de su otro trabajo, en enero de 2007 empezó a trabajar a tiempo completo en el consultorio.

La convicción, que la doctora formula en voz baja pero con firmeza, de que se quedará aquí el resto de su vida laboral dice mucho no de su falta de ambición, sino de su audacia. En el mundo de la medicina moderna, en el que muchos pacientes tienen la impresión de que es raro que les reciba dos veces el mismo médico de familia, ella se ha convertido en una figura fundamental de este valle, y aspira a seguir así. Es, quizá, el pago de su apuesta adolescente consigo misma o el hilo de oro que conecta al extraordinario doctor John con el mundo que dejó atrás.

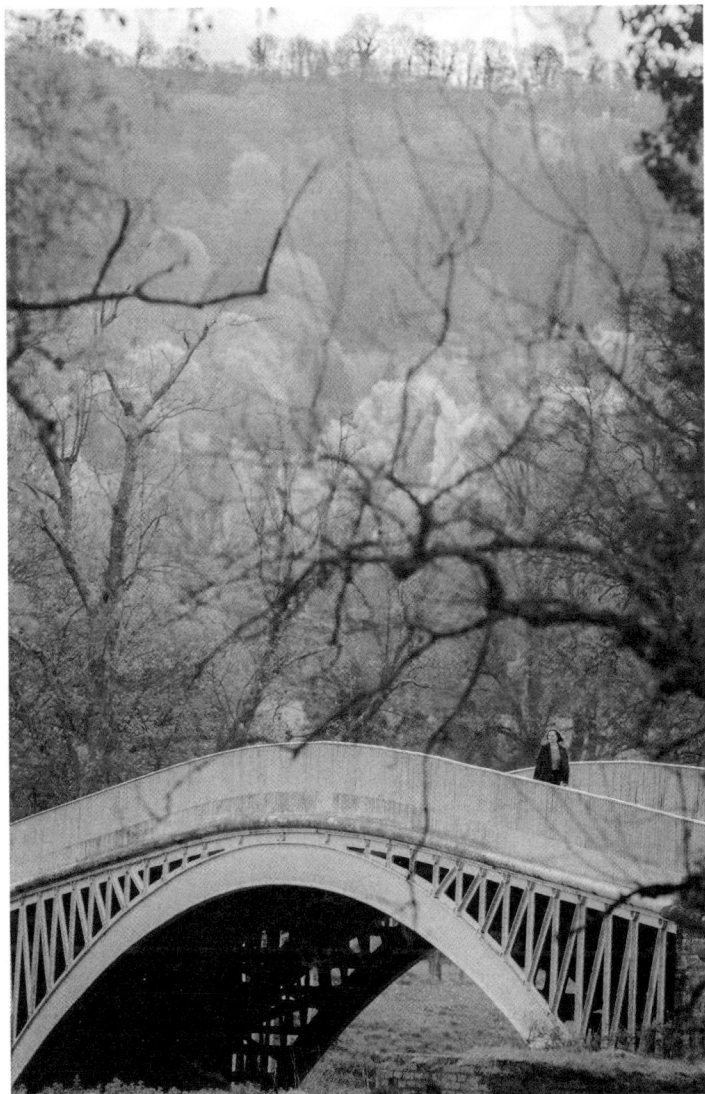

III

No sería propio de él, pero, mientras caminaban juntos por el pasillo desde la sala de espera, la doctora se preguntó fugazmente si el hombre habría estado bebiendo. Tampoco es que oliera a alcohol, como pasaba con otros pacientes de vez en cuando, esa rancia dulzura química que les salía por los poros o el brioso cóctel de vino blanco y enjuague bucal que detectó en el aliento de una viuda bien vestida al final de la operación del día anterior. Pero no: llenándose las fosas nasales, la doctora inspiró una bocanada del aire que mediaba entre ellos sin detectar otra cosa que el olor a virutas de madera, algunas de las cuales aún se aferraban al mono del hombre, y un dejo de jabón carbólico que le recordó al colegio. Sus andares, observó, eran firmes y fuertes para un hombre de unos sesenta años. No había ni rastro de la confiada dejadez ni la estudiada deliberación de quien está bebido. Sin embargo, había algo raro en su manera de hablar, como si arrastrara las palabras. Ella le preguntó por la casa en la que estaba trabajando con su hijo, justo al final del camino de la escuela primaria: una nueva ampliación, ¿verdad?, ¿cuándo creía que estaría terminada la construcción? «Espero que Gareth sea el que se suba a la

129

escalera», etcétera. Sus respuestas eran lacónicas y objetivas, como de costumbre, pero aquel día cada palabra iba acompañada de un silbido rebelde procedente de algún punto entre la parte posterior de la lengua y las muelas. Sonaba como si tuviera un caramelo duro en la boca.

Una vez sentada en la consulta, sonrió y se centró en él como si tuvieran todo el tiempo del mundo, como si no hubiera cuatro pacientes esperando y ella no fuera con retraso otra vez. Nunca se atrevía a acortar una consulta en nombre de una eficiencia bruta.

—¿Cómo puedo ayudarle hoy?

La doctora ha acabado prefiriendo esta táctica para abrir una conversación antes que cualquier referencia a lo que podría estar «mal», ser «preocupante» o parecer «el problema». Cree que es una forma positiva y colaborativa de empezar, una que pone tanto al médico como al paciente al mismo nivel, dos adultos con una tarea por delante en la que pueden trabajar juntos. Le gusta porque le permite ir al grano y a la vez soslayar el asunto.

—El caso, doctora, es que me duelen las muelas. Me empezó quizá hace unos diez días o dos semanas. Pensaba que se me calmaría, pero nada. Ahora las muy puñeteras me están matando. —El hombre se llevó una mano, muy limpia, a la mandíbula—. Perdone mi lenguaje —añadió.

Ella respondió con una leve y empática mueca de preocupación. Ha aprendido que reflejar el comportamiento o el lenguaje de un paciente es útil para restablecer la relación, incluso con uno al que conoce bien. Siempre con ese toque de camaleón social, a gusto con interlocutores de todos los orígenes gracias a la extraña mezcla de clase trabajadora y de elegante amazona en su infancia, convertirse en un reflejo de lo que sienten es algo natural para ella.

—El dolor de muelas es bastante molesto —convino, y le preguntó si había ido al dentista.

—Pues no. —Él hizo una pausa esperando a que interviniera, pero ella prefirió dejarle continuar, así que prosiguió—: El caso es que estaba pensando que unos analgésicos y unos antibióticos me vendrían bien. Creo que eso es lo que necesito. Me eché un vistazo en el espejo del baño y no me veo nada. Sólo me duele. El *dinte* parece estar bien.

Pronunció «diente» no con el diptongo «ie», sino con una mera «i». *Dinte.* Esa pronunciación, común en el valle, en aquel instante pareció crear la ilusión de distancia entre el hombre y su molesta muela. Le preguntó si había intentado ir de urgencia. De nuevo negó con la cabeza.

—La cosa es, doctora, que soy incapaz de ir a un dentista. Sencillamente, no puedo.

Disculpándose, la médica le explicó que los médicos de cabecera no cuentan con ningún seguro que los cubra para las afecciones bucales. Ella podía recetarle analgésicos, pero, si se trataba de antibióticos, debía recurrir a un especialista.

—Lo siento —concluyó.

—No la voy a demandar, doctora, ya lo sabe. Y tampoco quiero ser una molestia. Ya ve que casi nunca vengo. Pero no puedo ir al dentista. Punto. No he visto a uno en más de cincuenta años.

Asombrada, le preguntó cómo se las había arreglado, qué había hecho con sus dientes todo ese tiempo. Nunca habían tenido ocasión de hablar de este tema.

—Si la cosa se pone fea, me los quito yo mismo. Llevo años haciéndolo.

La médica intentó en vano dominar la expresión de su rostro.

—Alicates —añadió él, como para tranquilizarla.

El hombre ladeó un poco la cabeza y ella, tras enfundarse unos guantes médicos, giró la silla y la inclinó hacia delante para examinar el interior de su boca, abierta. Él no le quitó ojo mientras le sujetaba una mejilla y le apartaba la otra para tener una visión clara de lo que parecía la superficie de un planeta desconocido, con extrañas agrupaciones de cráteres y afloramientos, y un tufo a infección en su aliento.

—Sé que no me he cuidado los *dintes* como debería —se disculpó el hombre cuando ella se estaba quitando los guantes—, pero no olvide que en mi niñez se terminó el racionamiento de dulces impuesto en tiempos de guerra. Creo que fue a principios de 1953, así que los niños comíamos un montón. El padre de Bev tenía una tiendecita ahí, en la esquina. Había un dentista escolar itinerante, un tipo terrible que hacía la ronda por todas las escuelas del pueblo. Al final le prohibieron ejercer la medicina, creo. Te sentaba en su silla y te cavaba una trinchera en la boca. Perforaba y empastaba. Cuatro *dintes* a la vez. Luego te reclamaba cuatro empastes —Sus manos se aferran a la silla con fuerza—. Por eso no he vuelto al dentista. Y no me venga con que ahora pueden dormirte para que no te enteres, porque en mi opinión eso no cambia las cosas. No puedo y no quiero ir al dentista y punto.

La doctora pensó en su madre, quien, pese a su robusta complexión y a que no se inmutaba apenas por nada, tenía una aversión visceral a los dentistas por culpa del que había en su pueblo en los sesenta. Sabía que, si su paciente había elegido unos alicates en lugar de la cómoda opción de acercarse a la calle mayor, por más que insistiera en convencerlo, algo imposible en una sola cita, no le haría cambiar de idea. Así pues, hizo un cálculo, rápido como un relámpago y casi subconsciente, del riesgo.

Éstas son las acrobacias intelectuales que realizan los médicos generalistas docenas de veces al día. Invisibles para el paciente —que únicamente ve una sonrisa, una inclinación de la cabeza, una cuidadosa atención—, son un complejo ejercicio cognitivo que se desarrolla entre bastidores. Implica cribar y clasificar el abanico de resultados posibles, sopesar los riesgos, desde el más insignificante hasta el más funesto, y sumarlos a la ecuación del historial médico y personal del paciente al que se está atendiendo, sus deseos declarados y su probable comportamiento individual (que puede no ser idéntico al de otro otra persona). Antes de determinar la mejor línea de acción. En los primeros años de profesión, es como tener dos cabezas, pero con el tiempo y la experiencia, el algoritmo se suaviza y se acelera hasta volverse más intuitivo, lo cual no quiere decir que la doctora no se despierte a veces de

133

madrugada y se preocupe por si ha hecho bien su evaluación. Tal es la naturaleza de su trabajo.

De modo que le extendió una receta al hombre con
dolor de muelas y lo instó a volver si el dolor persistía, a
lo que él sonrió y sacudió la cabeza.

—Maldito *dinte*. Ahí te quedas.

Transcurre la mañana. Una niña llega a la conclusión de que
la doctora merece una pegatina y le coloca una sonriente
tarántula en la solapa, donde inadvertidamente permanece
hasta la hora de comer. A una madre joven con depresión
posparto la atormentan los remordimientos por haberle
chillado a su hijo de cuatro años «¡¿Qué has hecho?!» después de que le salpicara pintura al agua a su hermanita,
un bebé. Un anciano apicultor se disculpa por traerle una
muestra de orina en un viejo tarro de miel —«No tenía
uno de esos de mear, doctora»— y una mujer de mediana

edad, preocupada porque su hermana se está aprovechando del talonario de su anciana madre, le pide a la doctora que intervenga. Un mecánico, a raíz de un accidente, lleva años padeciendo neuralgia crónica con la consiguiente depresión, acompañada de ideaciones suicidas: «Tengo dolores trescientos cuarenta y cinco días al año y los veinte restantes son insoportables». Un fumador empedernido rehúsa con amabilidad ponerse unos parches de nicotina, y una muchacha de catorce años que tiene relaciones sexuales con un novio mucho mayor que ella le confiesa: «No me puedo creer que salga conmigo. Me siento tan afortunada...». Por último, un viudo octogenario, incapaz de arreglárselas sin su mujer, se sienta frente a la doctora con los ojos arrasados en lágrimas: «Hasta cuando lavo las sábanas acabo ensuciándolas en el suelo. Menudo inútil».

Algunos días siente que está suspendida entre el viejo mundo y un futuro insondable. De entre todas las especialidades médicas, de hecho, de entre todas las profesiones, puede que haya pocas en las que se tenga un acceso tan privilegiado a unas vidas que, en conjunto, abarcan más de dos siglos. El ahora frágil corazón de su paciente más anciano empezó a latir tras la Primera Guerra Mundial. El del más joven (sin contar las numerosas vidas en un útero) lo hará probablemente hasta bien entrado el siglo xxii. Esos latidos. Esas vivencias. Esas historias. Esos cambios. Hay en ello algo de magnífica grandiosidad, como la vasta extensión de la garganta del valle, y al tiempo de exquisitez miniaturística, como uno de los nomeolvides que brotan entre los adoquines de su jardín.

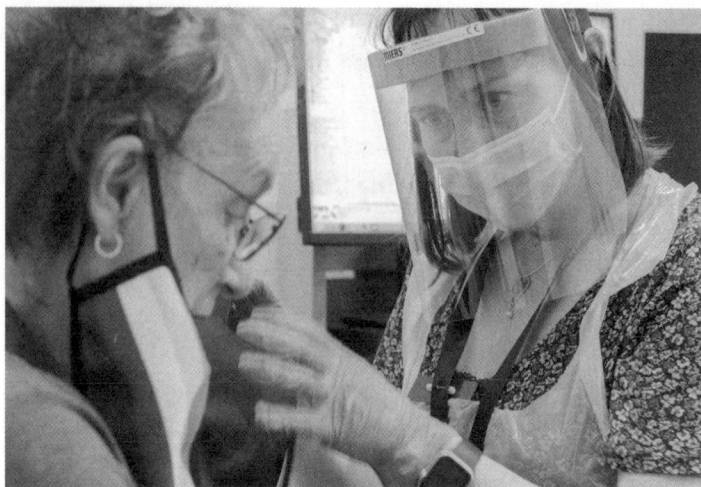

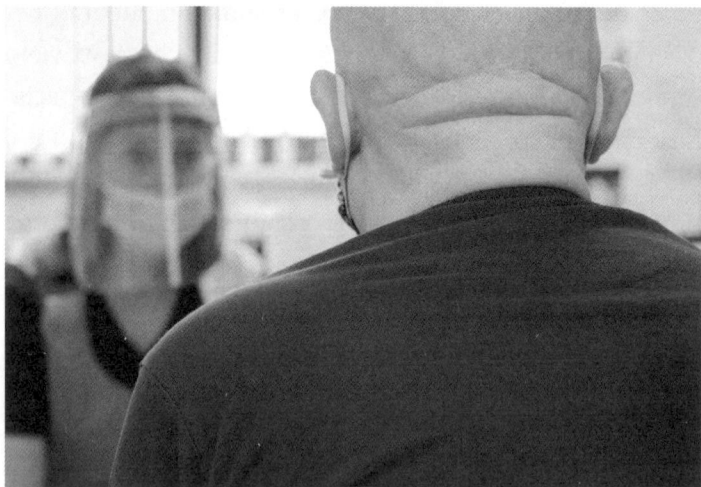

A pesar de que la identidad de este consultorio rural apenas ha cambiado, lo cierto es que ha llevado una existencia nómada. Las antiguas consultas de los pueblos se desplazaban de un lugar a otro. Durante una década, los enfermos de la parroquia acudían a la casita situada entre el taller del carretero y el fabricante de ataúdes; en la siguiente, la sustituyeron por el cobertizo de detrás de la nueva centralita; luego, por unos almacenes que llevan mucho tiempo cerrados; más adelante, iban a una pocilga reformada al final de la carretera. En los viejos tiempos, aquí y en las comunidades rurales de todo el país, la consulta del médico solía ser la habitación delantera de su propia casa. De hecho, trasladar la consulta fuera del hogar familiar y animar a sus pacientes a visitarlo a él, en lugar de al contrario, fue un rasgo de modernidad del doctor John. Aun así, una proporción significativa de las consultas continuó haciéndose a domicilio hasta bien entrados los años ochenta y para las de medicina general no se necesitaba cita previa.

Aquellos días habían quedado atrás, por supuesto, cuando, con el cambio de milenio, la joven doctora llegó al valle con su futuro marido. Por aquel entonces, el consultorio contaba con más del doble de pacientes que en la época del doctor John, y la gran mayoría de las visitas se realizaban sólo con cita previa en uno de los dos centros. El situado al oeste del río estaba ahora ubicado en un edificio que antes albergaba a las autoridades responsables de la milagrosa llegada del agua corriente al distrito en la década de los cincuenta. Escondido entre

137

la antigua herrería y una capilla metodista, este bloque, que parecía una caja de zapatos, tan modesto y fundamental para los servicios básicos que prestaba, fue muy querido por la comunidad. Hoy por hoy, la gente sigue llamándolo la Antigua Depuradora o la Casa del Doctor (dependiendo de su edad), aunque la consulta propiamente dicha hace tiempo que se trasladó a las afueras del pueblo, a otro edificio moderno y anguloso, con un tejado que recuerda a un libro abierto. La prensa local anunció su inauguración en 2012 con un uso excesivamente generoso de las palabras «vanguardia técnica» y haciendo referencia a su ambicioso precio: 1,1 millones de libras. El otro consultorio, su gemelo al este del río, en el antiguo pueblo del doctor John, es su primo campestre más trasnochado, un bloque moderno de una sola planta que parece una casa aplastada, con un parque infantil y, más allá, los cultivos. Muchos pacientes profesan lealtad a uno de los dos, en consonancia con la orilla del río a la que llamen «hogar», pero el equipo —dos o tres médicos y sus suplentes, un puñado de enfermeras y auxiliares sanitarios, recepcionistas, farmacéuticos y personal administrativo— divide su tiempo entre ambos, según las exigencias del momento. A su manera, son tan nómadas como sus predecesores.

Si dedicamos un rato a intentar hacerse una idea de las diversas trasposiciones de edificio y ubicación, tiempo y lugar, al oeste del río o al este, enseguida nos percatamos de que el verdadero tejido de este consultorio rural no procede en absoluto de los ladrillos y el mortero.

Proviene del complejo de relaciones humanas que se oculta en su interior: la camaradería y la colaboración entre colegas, la compenetración entre el personal de la consulta y los pacientes, la charla entre vecinos en la sala de espera, que algunos días suena más a la conversación matutina en torno a un café que a la de un ambulatorio, y, en el centro de todo ello, esa relación bidireccional entre médico y paciente. Cada una de estas interacciones es necesariamente pragmática, corriente, pero también echa unas raíces profundas que con el tiempo entrelazan lo individual con lo colectivo, el presente con el pasado. En efecto, no es raro escuchar a la gente recordando a los antiguos médicos, seis o siete de ellos, que se remontan más allá del doctor John, casi cien años atrás. Forman parte de la urdimbre y la trama de este consultorio, con independencia de cómo hayan evolucionado la medicina y el NHS.

Más o menos en la época en que se trasladaron al edificio nuevo, se suprimió la única consulta sin cita previa que quedaba los viernes por la tarde. Había sido un calvario para todos, una cola de pacientes que serpenteaba mucho más allá de la puerta; pacientes que a menudo se pasaban horas allí y que se contrariaban si se le daba prioridad a un vecino más enfermo. Entre tanto, después de veintitrés pacientes consecutivos y, cuando se percataba de que el paracetamol que estaba buscando era para ella, la doctora sabía que tenía que parar. Uno de los suplentes ya se había negado a trabajar en esas consultas abiertas —«Es delirante. Ya nadie hace esto»— y al final ella misma se plegó también al siglo XXI. Por supuesto que aquella decisión era la más acertada, pero la consternación en el seno de la comunidad fue más que evidente. Al cabo de una década, sus pacientes la han perdonado, más o menos; pero todavía los hay que, habiendo olvidado sin duda las horas de espera, mencionan de vez en cuando que preferían los viejos tiempos y aquellas encantadoras y relajadas consultas sin citas.

Esta vena nostálgica por la asistencia sanitaria del pasado es algo con lo que cualquier médico ha de lidiar. No obstante, aquí presenta una gracia especial debido a la longevidad de su relación con muchos de sus pacientes, a lo que se suma que el cambio ha sucedido mientras ella ejercía. Ha aprendido tanto a reírse de las quejas como a hablar de ellas. A veces señalará que ha experimentado de primera mano cómo el tratamiento de las enfermedades crónicas, que representan alrededor de la mitad de las citas con el médico de cabecera en el ámbito nacional, ha mejorado más allá de lo que se suele reconocer incluso en veinte años. Cuando empezó aquí se apresuraba, furosemida en mano, a atender a personas que respiraban agonizantes por una insuficiencia cardiaca aguda; ahora el estado de estos pacientes se controla mejor gracias a una vigilancia estrecha y a una combinación apropiada de medicamentos. «Muchas de las cosas horribles que antes eran bastante frecuentes ya no lo son tanto, así que la transformación se puede considerar progreso, supongo». Éste es el tipo de cosas que acostumbra a replicar, con esa manera tan suya de mostrarse dulce sin dejar de ser directa. Lo que nunca dice es que su trabajo se parece a los de los médicos de las series de televisión. No todo son heroicidades. Ha llegado a comprender que gran parte de su tarea se desarrolla en la conversación. Además, cuando se ejerce en una rama de la medicina en la que el éxito se mide tan a menudo por una ausencia —el derrame cerebral que nunca se produjo, el infarto que no tuvo lugar, los riñones que no dejaron de funcionar— es fácil que la gente olvide que su trabajo salva vidas.

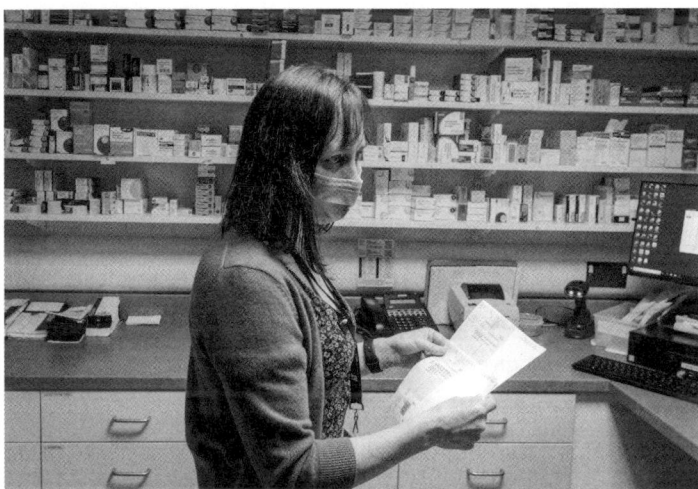

La doctora saluda al hombre por su nombre de pila.

—Hola —responde él llamándola por el suyo—. ¿Cómo está tu madre?

Tiene la tez grisácea, del color de la ropa interior blanca que se ha metido en la lavadora con la oscura.

—Mi madre está bien —responde ella.

—¿Y el tractor? ¿Lo arreglaste al final?

Ella asiente, le da las gracias, menciona la nueva correa del ventilador, que ella y su marido montaron el fin de semana gracias a un tutorial de YouTube. Pero quiere seguir con la consulta. Hace ya dos horas que, al ver en su lista de citas la dolencia que le ha llevado allí, se le ha hecho un nudo en el estómago, como si alguien tirara con fuerza de un cordón para cerrar bien una bolsa. Junto al nombre del paciente, leyó: «*amesis* de sangre». Lo primero que pensó fue: «Así no se escribe *amesis*, ¿cómo es?». Ya lo buscaría después. Más apremiante era el hecho de que aquel hombre hubiera pedido hora, pues los trabajadores agrícolas varones que rondan la treintena no suelen llamar a su puerta y, cuando lo hacen, siempre es por algo. Antes de la consulta, intentó llamarlo varias veces, en vano.

Conoce a este hombre desde el final de su adolescencia, igual que conoce a toda su familia, que dirige una de las pocas granjas lecheras de los alrededores que han sobrevivido al precipitado descenso de la producción. En la década de los sesenta, había docenas de productores por la zona del valle; ahora se podrían contar con los dedos de una mano. Hace unos años, se vieron obligados a vender su venerable granja, que los vecinos imaginaban tan sólida como para resistir ante cualquier embate de la vida moderna. En la actualidad viven allí un consultor de *software* y su esposa, embarazada. Pero la familia del hombre consiguió conservar la tierra y su rebaño. Ahora viven en un par de nuevas construcciones a las afueras de un pueblo cercano —el viejo granjero y su esposa en una y el ganado en la otra— desde las cuales conducen a las vacas a los campos y al establo de ordeño. El terrateniente del pub de la localidad les permite dejar su tractor en el aparcamiento de atrás.

—Te he llamado —dijo la doctora—. Un par de veces. Has estado tosiendo sangre, ¿verdad?

—Lo siento, estábamos ordeñando y toca amamantar a las crías. No oí el teléfono, pero sí, acabo de vomitar una gota de sangre, así que he pensado que sería mejor que me vieras y eso...

Ella le pregunta si tiene alguna molestia en el pecho.

Él niega con la cabeza.

—¿Te falta el aire?

—No, creo que no.

Ahora que la doctora está sentada frente a él, con la luz de la ventana de detrás de ella derramándose sobre el rostro de su paciente, distingue que el sudor le perla las oscuras cejas. Como a él no le gusta sostener la mirada mucho rato, se toquetea torpemente la brizna de heno que se le ha quedado prendida de una manga y, al reparar, ya tarde, en que sería impropio tirarla al suelo de la consulta, la pellizca con el índice y el pulgar. Aunque ella todavía no es capaz de precisar la razón clínica, conociéndolo como lo conoce, se teme que pinta mal. Hay algo en el color de su cara. La experiencia le ha enseñado a no soslayar nunca la inconfundible sensación de inquietud que la atenaza.

—No hagas caso al perro —le dice él, refiriéndose a su collie, que ladra en el asiento trasero del Land Rover que está en el aparcamiento de enfrente.

La doctora empieza a realizar una serie de comprobaciones: temperatura, frecuencia respiratoria, saturación del oxígeno, tensión arterial. Todo normal. Sus pulmones están limpios. Su corazón suena como debería. El único signo de algo que se sale de lo normal es una ínfima elevación de su ritmo cardiaco, ochenta y ocho latidos cuando ella esperaría alrededor de setenta para un hombre de su edad y su estado físico; aun así, no es mucha la diferencia.

Le pregunta cuánto tiempo lleva tosiendo sangre.

—No lo sé. Tal vez un día o dos.

—¿No te duelen las pantorrillas?

Él niega con la cabeza.

—¿Algún viaje largo reciente?

—No —responde él, con una carcajada.

Esto pone a la doctora en un dilema. Lo que le preocupa, algo que todos los médicos en esta situación están muy pero que muy interesados en no pasar por alto, es un coágulo de sangre, una trombosis venosa en la pierna, parte del cual podría haberse desprendido y viajado hacia arriba, hacia el corazón. Los vasos sanguíneos más pequeños del cuerpo, que son los que más probabilidades tienen de detener el coágulo en su camino, se encuentran precisamente en el cerebro, donde podría provocar un derrame cerebral, o en los pulmones, donde el resultado sería una embolia pulmonar. Al obstruir el paso de la sangre a través del pulmón, el coágulo priva de oxígeno a una parte del pulmón y le provoca la muerte, lo que hace que el enfermo tosa sangre y, pasado un tiempo, se quede sin aliento. Sin tratamiento, el resultado es letal: la consiguiente insuficiencia respiratoria aguda imposibilita la entrada de oxígeno al corazón, que, inevitablemente, se para. Aunque el riesgo de embolia pulmonar aumenta con la edad, no es ni mucho menos una afección exclusiva de los ancianos, es más: la predisposición genética desempeña un papel importante. La médica sabe que hay un historial de trombosis venosa profunda por la parte materna del paciente. Ella y la madre del hombre abordaron el asunto en esa misma sala hace apenas unos años, cuando se planteó la necesidad de administrarle anticoagulantes tras una operación de rodilla.

Por otro lado, existe toda una serie de dolencias más triviales susceptibles de provocar que un paciente tosa sangre: un dolor de garganta, una infección en el pecho, una periodontitis, una hemorragia nasal, incluso una úlcera de estómago. Desde luego, no se envía a un hombre al hospital por una frecuencia cardiaca de ochenta y ocho latidos por minuto y un ligero tono rosado en la saliva, no sin granjearse la burla del médico responsable de la admisión, que ahora ella imagina en Technicolor. Sin embargo, esa honda sensación de malestar, el aspecto de su paciente, hace que considere inventarse una historia que cumpla los criterios de admisión para que se le examine como es debido. Así de preocupada está.

Todo esto fluye por la mente de la doctora. Piensa en aquel médico entrado en años, el compañero del doctor John. «No olvide», solía aconsejarle, «que la enfermedad no siempre se presenta como pone en los libros de texto. A menudo juega sus cartas en un orden distinto. Por eso la continuidad de los cuidados, ese conocimiento longitudinal, ese conocimiento generacional, es tan importante. Eso es lo que, cuando juega sus cartas fuera de la secuencia habitual, te hace pensar: "A ver, espera un momento"». En esos instantes, la superficie de su mente es como el río cuando está creciendo, agitándose con sotas, reyes, reinas y ases.

Algunos califican de «sexto sentido» las corazonadas de los médicos de atención primaria, una suerte de clarividencia. Otros favorecen el punto de vista más prosaico de que, en realidad, las desencadena un proceso inconsciente de reconocimiento de patrones a través de un complejo conjunto de señales verbales y no verbales. En este modelo, el reconocimiento subliminal de correlación con ciertas afecciones médicas anula el pensamiento más consciente sobre la causalidad, el orden en el que esas cartas se juegan. De hecho, ahora existe una rama establecida de la investigación médica, tanto en el Reino Unido como en Europa, que se esfuerza por delimitar un marco teórico con el que comprender el funcionamiento y la eficacia del pálpito en la medicina general. Un estudio reciente sobre el papel de la intuición en el diagnóstico del cáncer ofrece convincentes pruebas de su utilidad, al tiempo que reconoce que el escepticismo por parte de algunos

146

especialistas hospitalarios disuade a los médicos de cabecera de mencionar las corazonadas en los informes de derivación de los pacientes. De lo que no cabe duda, sin embargo, es de que la combinación de experiencia clínica, años de ejercicio y la continuidad asistencial, el conocimiento de un paciente concreto a lo largo del tiempo, están intrínsecamente relacionados con la exactitud de la corazonada de un médico. Se trata de la familiaridad con el colectivo y con el individuo.

El hombre se pone el forro polar. En la consulta la doctora no puede hacer nada más por él. Le ha dicho que, en apariencia, no ha encontrado que nada esté muy mal. Pero «mira, estoy preocupada por ti», añade. Le tutea. «Me pregunto si no sería preferible que te hicieran un chequeo en el hospital».

—Algo no va bien —concluye—. Esa gota de sangre que has mencionado, ¿qué aspecto tenía?

—Puedo enseñártela —responde él—. ¿Quieres verla?

Acto seguido, se agacha y mete la mano en la bolsa de plástico que ha llevado consigo. Saca un bote de yogur con una tapa improvisada de papel de aluminio arrugado, que guarda allí junto con un ejemplar del periódico local y un paquete de galletas. Destapa el tarro y lo aparta. La doctora ha visto algunos pañuelos manchados de sangre, pero nunca nada igual. El bote es uno de esos con dos compartimentos, uno para el yogur y otro para el aderezo de frutas. Ambos están llenos de algo que parece salsa de arándanos y que en realidad es una cantidad importante de esputo manchado de sangre y varios coágulos grandes.

Así pues, la doctora que llama directamente a recepción y pide que le pasen con el 999. Se ha adelantado al paciente, que se muestra reacio, y ha actuado.

—¿Estás segura? —pregunta—. Si lo demás está bien, ¿no?, quizá unos antibióticos o un medicamento para la tos lo solucionarían. Le he dicho a mi padre que volvería en media hora para seguir ordeñando. A lo mejor podría acercarme en coche al hospital al final del día.

Ésta es una de esas ocasiones en las que la doctora se mantiene firme. Nada de antibióticos, ni medicamentos para la tos, ni volver al trabajo, ni conducir hasta el hospital. Lo acompaña por el pasillo hasta una sala lateral vacía, le pone una mano en el hombro y le pide que grite si se encuentra mal. Puede esperar ahí a la ambulancia. No tardará. Ella se asomará de vez en cuando para verlo.

Esa tarde, la doctora está trabajando en casa y revisa los resultados del hospital en internet. El hombre está estable, pero un escáner ha revelado varias embolias pulmonares bilaterales considerables, es decir, grandes coágulos, en ambos pulmones. Se ha salvado de milagro. El viento estremece las sombras de los árboles. Por un momento, oye al collie del hombre ladrando en la parte trasera del coche, aparcado enfrente de la consulta.

A veces, incluso de día, hay oscuridad.

«Esta historia todavía me resulta perturbadora, aunque ocurrió muchos años atrás, en los albores de mi carrera. Un hombre que vivía solo. Yo había trabajado en el consultorio por la mañana y me quedaban aún las consultas domiciliarias. Una de ellas era con ese hombre. No sabía nada sobre él. Casi nunca iba al médico y en la lista sólo se decía "dolor abdominal", así que, sin que hubiera un verdadero motivo para ello, pensé en ir a verlo a él en primer lugar. Encontré la casa. Llamé a la puerta. Como no contestaron, saludé con mi habitual "Soy la doctora, soy yo". Abrí y miré en el interior.

»La vivienda tenía un pasillo que desembocaba en una cocina y una puerta que daba a la sala de estar; de frente, la escalera. Y allí estaba, con las piernas colgando. Imagino que pidió la consulta a domicilio para que fuera un médico quien lo encontrara en lugar de algún ser querido. Espero que fuera eso, y no que abrigara la esperanza de que yo llegara antes. Es imposible evitar esos pensamientos.

»Entré corriendo y me puse debajo de él, e intenté levantarlo para ver si podía liberarlo de la presión del cuello, pero no tenía tanta fuerza. Por eso lo aparté y subí las escaleras con intención de deshacer el nudo como fuera. En el pasado hice algo de escalada, pero los nudos no se me dan muy bien, y me sentía, no soy capaz de describirlo, sencillamente estaba desesperada, no lograba deshacerlo, y es culpa mía ser una inútil con los nudos. Así las cosas, volví a apartarlo y corrí abajo. Encontré la cocina. Encontré los cuchillos de cocina. Volé escaleras arriba otra vez. Aparté sus piernas. Corté y corté, corté y corté, pero había cogido un cuchillo romo. Al final, encontré el teléfono y llamé al 999. No conseguí bajarlo.

»Supongo que lo que trato de explicar es esa sensación de absoluta inutilidad y fracaso, la sensación de que no valgo para nada, ¿me entiendes?, de que no estoy hecha para este trabajo. Me sentía demasiado joven y desalentada. Entonces llegaron la policía y los paramédicos, y me marché. No me quedé a ver cómo lo descolgaban. Me fui derecha a las dos visitas siguientes y, después, al ambulatorio para pasar consulta. No vi a mis colegas, volví a casa y nunca les hablé mucho del tema. Eso no habría pasado hoy. Ahora hablaríamos del asunto. Sería un «suceso importante», pero entonces no hacíamos «análisis de sucesos importantes». En el plano profesional, la cosa terminó ahí, cuando me alejé de la casa. Acabo de echar un vistazo a mis diarios y ni siquiera lo menciono. Mi marido no lo recuerda. Supongo que tal vez ni se lo menté, no lo sé.

»Mi primer suicidio.

»El caso es que mi abuelo paterno se ahorcó y lo encontró mi tío. Aunque no conocí a mi abuelo, aquello proyectó una larga sombra sobre la familia de mi padre, y sabía el impacto que tuvo en mi tío favorito. Supongo, pues, que me alegro de que aquel hombre me llamara. Me alegro de que nadie de su familia lo encontrara, porque, sea cual sea la carga que me supuso, para mí no fue igual que para mi tío. Mi padre, que no hablaba mucho del tema, sí dijo: «Para tu tío fue muy duro». Ya ves, sólo esas palabras. Estoy segura de que cada médico tendrá su propio horror, pero cuesta digerir un ahorcamiento. He sido testigo de varios, todos angustiosos a su manera, y esa sensación de absoluta ineptitud es espantosa. Los médicos queremos ser útiles, estamos acostumbrados a serlo, ya sabes. Por lo general, incluso cuando alguien está agonizando, puedo hacer que ese camino sea un poco más fácil. No hay nada como el fracaso frente a un suicidio, ¿no crees? Es un fracaso rotundo.

»Eso es lo que me viene a la memoria cada vez que visito a pacientes de quienes sospecho una intención suicida».

En el transcurso de varios meses de conversación sobre la vida y el trabajo de la doctora en el valle, el tema del suicidio surge en varias ocasiones. Resulta sorprendente en una mujer que, por lo demás, es tan optimista. Hay ocho muertes concretas por suicidio a las que alude a través de algún retazo del trasfondo, un atisbo de las secuelas, las preguntas sin respuesta o la tristeza irreparable que dejan tras de sí. Al principio es tentador achacarlo a alguna oscura sombra proyectada por el acto final del doctor John o por aquel abuelo al que nunca conoció; pero eso supone olvidar la naturaleza del trabajo de un médico de cabecera en un lugar como éste. Ella es, al fin y al cabo, el primer punto de contacto, la guardiana médica, cada vez que uno de sus pacientes sufre una crisis grave del cuerpo o de la mente. Es una responsabilidad y una relación que ha llegado a definir su vida, y la ha construido sobre la idea de que una honda conciencia y la decisión de optar por la esperanza siempre resultarán útiles, por duras que sean las circunstancias. Cuando eso falla, siente que pierde pie.

La doctora cuenta que ha atendido once muertes por suicidio a lo largo de su carrera, con una media de una cada dos años, así como numerosas tentativas entre pacientes cuyas edades van de la adolescencia a la vejez. Es más, esforzarse en prevenirlo, en detectar sus señales y en conseguir ayuda antes de que sea tarde entra dentro de sus competencias. Cada semana, a veces a diario, aparecen en su consulta pacientes con ideaciones suicidas o con antecedentes de autolesiones. Al igual que cualquier médico de cabecera, está más familiarizada que la mayoría con la naturaleza de la desesperación.

Un estudio de 2018 indica que hasta ciento treinta y cinco personas pueden requerir apoyo, clínico o moral, tras una sola muerte por suicidio. Por cada vida que se pierde de esa manera, las ondas expansivas se extienden por la familia, los amigos y el vecindario en general, y las cicatrices permanecen durante décadas. En una comunidad como ésta ese dolor se concentra de un modo palpable para la doctora y, con el paso de los años, se ha dado cuenta de que no es una tristeza que pueda bloquear sin más en aras de la autoconservación. Hay que tratarla con compasión, estando ahí para los demás, y, de algún modo, al caer la tarde, dejarla marchar.

La doctora enumera las cosas que la ayudan a recuperar el equilibrio en los momentos difíciles.

Música (alta).

Ejercicio (enérgico).

Lectura (una novela y un libro de no ficción a la vez).

Naturaleza (a bocanadas diarias con el aroma de las flores silvestres o empapada por la lluvia).

Animales (el caballo en el prado, tres perros a los que adora).

Familia (su marido desde hace más de veinte años y sus dos hijos adolescentes, que últimamente han empezado a llamarla «Nave Nodriza». Su apodo favorito de todos los tiempos).

Para obtener el máximo efecto, combina estos medicamentos. Son, en realidad, una parte tan importante de su capacidad para hacer este trabajo, y seguir haciéndolo, como el contenido de su maletín de médico o los años de formación. La hacen sentirse feliz, plena, resiliente.

Nada de esto es un secreto para sus pacientes, una existencia paralela de la que no son partícipes. Es difícil esconderse en una comunidad como ésta, pero ella elige deliberadamente no hacerlo y la gente lo nota. Conocen a su marido, han visto crecer a sus hijos y le preguntan por ellos; saben cómo pasa el tiempo cuando no está en la consulta atendiéndolos. A una paciente le divierte mucho oírla tarareando una canción de los ochenta con los auriculares puestos mientras recorre un sendero empapado a orillas de un arroyo. Otro la columbra entre los árboles un domingo por la mañana paseando con sus hijos y se asombra al fijarse en que lleva su estetoscopio colgado del cuello, como si estuviera lista para pasar al modo profesional al menor chasquido de una ramita. Al acercarse, repara en que lo que lleva al cuello es un tirachinas, y se ríen de ello intercambiando bromas antes de proseguir su caminata. La cuestión es que ella no es una mera proveedora de servicios y ellos los usuarios de dichos servicios. Su relación no es transaccional. Ahora es una más.

Esto también la hace sentirse feliz, plena, resiliente.

En el último medio siglo, la medicina general ha experimentado un cambio más sísmico en lo relativo al equilibrio de géneros que cualquier otra profesión. Cuando se escribió *Un hombre afortunado*, menos de una cuarta parte de los médicos de familia eran mujeres. Cuarenta años después, en 2007, el mismo año en que la joven doctora procedente de Londres empezó a trabajar a jornada completa en la antigua consulta del doctor John, esa cifra había aumentado sustancialmente hasta el cuarenta y dos por ciento. En 2014, la balanza se había inclinado, y por primera vez las mujeres eran mayoría en este ámbito. Un año más y los datos del General Medical Council sobre médicos generalistas en formación mostraron que un asombroso sesenta y nueve por ciento eran mujeres, que ahora superaban en número a sus homólogos masculinos en una proporción de dos a uno. Hay pocas dudas de que el futuro de la medicina general está en manos femeninas.

La doctora atribuye este cambio radical, en parte, al hecho de que la medicina general se encuentra entre las especialidades médicas en las que resulta más fácil la conciliación. Ella misma siempre había querido tener hijos, lo que sin duda pesó en las decisiones profesionales que tomó cuando tenía treinta y tantos años largos. Sin embargo, afirma que nunca, ni una sola vez, ha sentido que ser mujer y madre la haya frenado, al contrario: la hace ser quien es; hace que sea buena en su trabajo, según afirma.

Este último punto merece cierto análisis. Principal sostén de su familia, la doctora se apresura a subrayar que su carrera ha podido desarrollarse como lo ha hecho porque siempre se ha dedicado a su profesión a tiempo completo, gracias a un marido que interrumpió su trabajo como técnico en un estudio de grabación durante cinco años cuando sus hijos nacieron. «Él es mi pilar», dice, «sí, mi apoyo psicológico, y también en un sentido muy práctico, porque es un padre brillante. No es que pensara en eso cuando me pidió que me casara con él. No hicimos planes a este respecto. Sencillamente tuve suerte, aunque supone un cambio de vida para una madre que ejerce una profesión liberal. Fue pura buena suerte».

Cuando se le pregunta a su marido, él contesta:

—Somos un equipo. Conseguimos que la cosa funcione. El papel de la esposa solía ser cuidar del médico, que normalmente era un hombre, ¿verdad? Supongo que le hemos dado la vuelta a la tortilla para que ella haga lo que tiene que hacer. No sé si podría hacerlo sin mí.

—¿Hacer qué? —le pregunta ella, entrando de nuevo en su cálida cocina.

—Hacer lo que haces —contesta él.

—Ni por asomo —concluye la doctora.

En sus años de casada, la médica ha trabajado mucho para preservar una suerte de equilibrio entre lo personal y lo profesional, en parte por su familia y por ella misma, pero asimismo por sus pacientes. La idea de una vocación no malograda por la maternidad y de una maternidad no ensombrecida por la vocación es refrescante en términos feministas, aunque a ella eso le da igual. Lo que le importa no es de género *per se*: es el equilibrio lo que hace que el trabajo sea sostenible y que se logren soportar sus presiones, y, cuando se consigue ese equilibrio, procura las mejores recompensas, ya que estar ahí, disponible la mayoría de los días para sus pacientes, es uno de los elementos clave para construir relaciones, y unas relaciones fuertes y arraigadas, además de ayudar a los pacientes, la ayudan a ella misma.

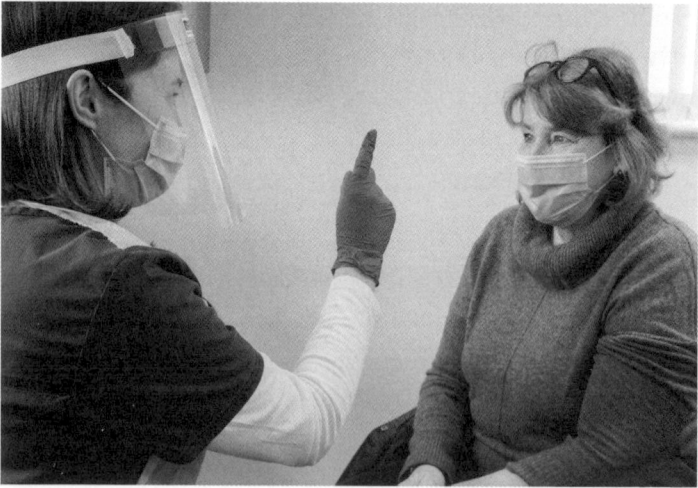

En tiempos se consideró que era un pueblo y en el mapa aparece marcado como tal. Tampoco es que haya señales de ningún tipo entre los árboles y los espesos setos. Es posible llevar en el valle muchos años y no haberse topado nunca con esta constelación de achaparradas casas de piedra enclavadas en un mosaico de pequeños campos que se corresponden con las lindes feudales. No es un sitio por el que uno pasa cuando va de camino a otro lugar ni al que vaya a parar por casualidad, a menos que se haya perdido en el bosque, en cuyo caso puede que lo encuentre una vez, lo que no es garantía de que vuelva a encontrarlo. Las reglas habituales de orientación aquí no sirven de nada. De hecho, esta mínima aldea rodeada de árboles tiene la desconcertante cualidad de cambiar de forma, como si Escher hubiera abandonado la geometría en favor de la arboricultura diseñando un espacio frondoso irreconocible desde distintos ángulos o de una estación a la siguiente.

Desde hace dos décadas, la doctora vive a poco más de un kilómetro en línea recta, al otro lado del empinado valle de un afluente que se precipita hacia el río desde la meseta. Aun así, cada vez que la llaman para una consulta domiciliaria en la margen contraria, tiene la sensación de haberse perdido. Últimamente le ha dado por ir caminando con los perros, en lugar de hacer el trayecto en coche o en la bicicleta eléctrica, que suele preferir para muchas de sus visitas. A pie, no rayará el parachoques del coche al girar en una vereda tan estrecha que parece un capilar ni saldrá disparada de su bici en uno de los laberínticos senderos que se entretejen unos con otros y se adentran en la espesura. Llegará antes, más fresca y en un estado más sereno si consigue orientarse a fuerza de ir probando a paso de caminante. Y hoy, en la fría y húmeda grisura de una tarde de otoño, se dirige a ver a una anciana que dice respirar con dificultad.

Es la tercera puerta de madera que abre en diez minutos, pero, por fin, es la casa en la que ha de pasar consulta. Se acuerda de las cortinas floreadas de la ventana del salón, siempre echadas, como si hubiera muchas miradas curiosas en este apartado lugar. La mujer, que ha oído la cancela, le abre antes de que llegue.

«Sí, pase», dice, dirigiéndose a la doctora por su título y apellido. «Me alegro mucho de que haya venido. Estaba esperándola...». Ella ata las correas de los perros en un limpiasuelas de hierro fundido bajo el porche y, agachando instintivamente la cabeza, atraviesa el umbral, bastante bajo. Hay humedad en la casa. En cuanto entra, la anciana cierra con llave y ambos cerrojos, uno arriba y otro abajo. La doctora le pregunta si puede lavarse las manos antes de empezar y la anfitriona la acompaña al interior de una estrecha cocina, da palmaditas a una toalla azul descolorida junto al fregadero y echa la cortina también aquí. La mesa de formica que ocupa el centro de la estancia está cubierta por montañas de papeles, cartas y documentos. La mujer se sienta mientras ella se seca las manos.

Metiendo la mano en la mochila para sacar el estetoscopio, el termómetro y el oxímetro, la doctora dice que sentir que a uno le falta la respiración puede ser muy desagradable.

«Ha sido horrible», confirma la anciana, que, robusta y con las mejillas sonrosadas, tiene el mismo aspecto de siempre. «Terrible. Como si no hubiera suficiente aire en el mundo». La médica le sugiere comenzar de inmediato el examen del corazón y los pulmones.

«Bueno, no estoy tan segura…», repone la mujer. «Preferiría mostrarle algunas cosas…». Se pone las gafas, que lleva colgadas de una cadena, y coge un fajo de papeles en equilibrio sobre un frutero repleto de pequeñas manzanas rojas. «Coja una si quiere», dice sin levantar la vista, y hojea con urgencia los papeles. «Son del árbol de fuera. Ahora, mire esto: es para poner enfermo a cualquiera».

Después procede a explicarle, con todo lujo de detalles, una disputa urbanística en la que está enzarzada con un vecino que se acaba de mudar a la casa que queda del otro lado de su huerto. Le enseña, una página tras otra, las cartas de un diputado, de un funcionario de urbanismo, del jefe del consejo parroquial, de constructores y de arquitectos, además de planos, mapas y escrituras.

«Esto es lo peor con lo que he tenido que lidiar en toda mi vida», dice. «Y no me parece justo. Nuestra familia lleva en esta casa desde los años treinta. Usted no lo sabrá porque también es nueva por aquí, bueno, más o menos, pero los difuntos padres de mi marido vivieron aquí antes que nosotros. Mi suegro trabajaba en el ferrocarril, que ahora está cerrado. Él plantó ese huerto. Y de buenas a primeras aparecen unos forasteros con aires de ser los dueños del lugar y con la idea de convertir una casa estupenda, antigua, en una mole con una extensión de cristal y un garaje pegado. ¡Un garaje! Según dicen, quieren aprovechar al máximo las vistas, pero ¿por qué? Si quieres disfrutar de las vistas te basta con salir a la parte trasera de la casa. Esto está acabando conmigo».

Las laderas oblicuas del valle están salpicadas de cabañas de piedra, en tiempos destinadas a los guardabosques. Algunas las transformaron en viviendas hace siglos, pocilgas o establos reformados con enormes rocas del bosque y convertidas en casas con una única estancia. La mayoría se alza de espaldas a la meteorología reinante, esas descomunales tormentas que en invierno entran por el estuario y se desplazan hacia el norte encauzadas por las escarpadas montañas. En aquel entonces, resguardar una casa del viento y la lluvia era muchísimo más importante que esa obsesión, decididamente moderna y propiciada por la calefacción central, por las vistas. No obstante, en los últimos cincuenta años, esos aires nuevos han traído cierta prosperidad que se ha extendido río arriba. Pocos de quienes hoy se definirían como trabajadores pueden permitirse las casas de los guardabosques. La mayoría han sido objeto de sucesivas ampliaciones, la construcción vernácula aplastada bajo un palimpsesto de ventanas que dan al valle, habitaciones jardín, terrazas y pérgolas. «Nuestras casitas han crecido como si fueran tubérculos», se lamenta alguien que reside aquí desde tiempo atrás.

Es esta sensación de alejamiento de un pasado más sencillo lo que parece estar quitándole el aire a la anciana, que no para de hablar. Ningún detalle de la disputa urbanística es tan nimio que no se pueda tratar largo y tendido. La doctora le sigue la corriente. Deja su equipo en la mesa y examina cada hoja que le tiende, hasta que su regazo está colmado de documentos. Necesita un rato y una capacidad de persuasión considerables para volver al tema de la dificultad respiratoria. A regañadientes, la otra consiente en el examen: tensión arterial, pulso, temperatura, saturación de oxígeno, auscultarle el corazón para comprobar si hay fibrilación auricular y los pulmones en busca de infección. La paciente no calla.

«No creo que vaya a encontrar nada. El problema son los nuevos vecinos».

Pasan a la oscura sala de estar para que la mujer pueda reclinarse en el sofá mientras le palpa el vientre. Un tumor abdominal podría presionar los pulmones y dificultar la respiración, pero, como ambas suponían, la doctora no siente nada fuera de lo normal bajo la suave palidez de la piel, aparte de ansiedad, soledad, indignación.

Al cabo de tres cuartos de hora, el enfado de la anciana se ha disipado y la médica se levanta para marcharse. «No estoy segura de lo que debo hacer», dice abriendo los cerrojos de la puerta principal, «pero yo quería que estuviera al corriente de este asunto y, ahora que se lo he contado, me siento mejor. Me cuesta menos respirar, creo. Gracias».

Ya ha oscurecido. Puesto que no imaginaba que la visita se alargaría tanto, no se le ocurrió llevar una linterna y se le ha agotado la batería del móvil, así que el regreso se complica bastante. Mira hacia el cielo azabache en busca de la familiar mole de la colina que se alza enfrente. Las yemas de sus dedos tocan la áspera corteza de cada tronco y el mundo vuelve a parecerle antiguo. Uno de los perros ha cogido un palo largo y esporádicamente la golpea con él en la parte trasera de las pantorrillas. Cada vez, ella se sobresalta y mira a su alrededor. El camino es largo, el bosque la envuelve en una negrura aterciopelada, los búhos ululan, los murciélagos revolotean entre los árboles.

La doctora siente una especial aversión por el apelativo «enfermo imaginario»[2] para referirse a aquel cuyos síntomas o inquietudes no se despliegan en unas líneas patológicas claras. A su entender, esa connotación despectiva choca con todo lo que ha aprendido sobre las complejas capas de relación que se acumulan con el paso del tiempo. También desprende un desagradable tufo a «ellos y nosotros», aquellos que merecen su atención y los que, implícitamente, le están haciendo perder el tiempo, como si su tiempo y su atención no fueran el núcleo mismo de su obligación hacia cada uno de sus pacientes. A pesar del creciente uso de esas palabras por parte de los responsables políticos y de algunos médicos, ella no es la única que piensa así. Un artículo reciente en el *British Journal of General Practice* no se anduvo

---

[2] La expresión inglesa que utiliza aquí Polly Morland es *worried well*, cuya traducción literal sería «sanos preocupados». Como explica el artículo del *British Journal of General Practice* al que se alude después, «no se trata de un grupo claramente definido; la única característica compartida es que el médico no detecta patología. Los pacientes con esta etiqueta pueden variar desde alguien con un síntoma preocupante que finalmente resulta no ser nada hasta alguien con una ansiedad grave por su salud. El término sugiere que estos pacientes se encuentran bien; sin embargo, para algunos, la propia condición de ansiedad por la salud, para la cual a menudo se utiliza este término, es en sí misma una condición grave y potencialmente debilitante». (N. de las E.).

con rodeos a la hora de pedir que se abandonara por completo la etiqueta de «enfermo imaginario», citando la tranquilidad como una de las prestaciones vitales que ofrecen los médicos generalistas a sus pacientes, estén sanos, enfermos o en algún punto intermedio. Y la calma no consiste en un simple: «Venga, venga, no pasa nada. No está sufriendo un infarto», sino que se sustenta en que el susodicho comprenda que dispondrá de tiempo para contar cómo se siente y que alguien lo escuchará, en que entienda que el médico será testigo de aquello por lo que esté pasando. La cuestión es que esta combinación de escuchar y proporcionar sosiego no es sólo deseable; constituye un punto de datos para futuros encuentros y, lo que es más importante, funciona como uno de los componentes básicos de la confianza entre el médico y el paciente. Es amabilidad; hace que la gente se sienta mejor, y eso es trascendental.

La semana pasada, un paciente fue a verla con su mujer. Se había sentido «mal», dijo la esposa, «el sábado por la noche, tuvo un dolor repentino y agudo en el pecho que lo hizo gritar». La doctora lo examinó, le hizo una radiografía de tórax y un electrocardiograma para descartar cualquier mal, sin encontrar nada que explicara el episodio. Quizá se tratara de un mero espasmo musculoesquelético, sugirió al fin, nada por lo que preocuparse. La esposa, sin embargo, parecía reacia a abandonar la consulta. Dijo que había ocurrido justo cuando su marido estaba comprobando sus números de lotería en la televisión y ella creyó que habían ganado. En aquel momento, el *bungalow* y la monotonía de la jubilación se desvanecieron y ella se imaginó las palmeras, la piscina infinita, el *jacuzzi*, el cóctel en una copa de lujo y la inmensa cama con una flor tropical en la almohada. Sintió en aquel mismo instante un calor bochornoso y oyó la cadencia de unas guitarras extranjeras. «Los dos hemos trabajado mucho toda la vida y nunca hemos ido de vacaciones a un sitio soleado, nunca hemos estado en el extranjero, y yo… Bueno, yo ya lo estaba viendo todo, ésa es la cuestión…». Y caminaron en silencio de vuelta hasta el coche.

No sabía muy bien por qué, pero era una de las historias más tristes que la doctora había oído en mucho tiempo. La mujer no pretendía entristecerla. Con toda la razón, no había considerado ni por un segundo que pudiera hacerlo, pero la doctora ha descubierto a lo largo de sus años en el valle que cierto nivel de compromiso emocional con la vida en general de sus pacientes no sólo es ineludible, sino también fundamental para hacer bien su trabajo.

Otro apelativo problemático que conlleva asimismo un estigma es el término «paciente descorazonador». Acuñado a finales de los años ochenta y ampliamente utilizado en el gremio, se refiere a aquellos cuyo nombre en la lista de citas provoca en su médico una sensación de abatimiento inmediata, de «oh, no, otra vez, no». Sería mentira decir que ella nunca lo ha experimentado. Lo ha hecho. No es ninguna santa. Sin embargo, éste es uno de esos casos en los que su inclinación natural a la introspección le ha servido de mucho, esa tendencia a dar vueltas a cada situación una y otra vez, hasta que lo único que consigue aliviar su mente es una larga y extenuante caminata por el bosque.

En la medicina general contemporánea tiene gran predicamento la idea de que la reflexión deliberada sobre la dinámica de cualquier encuentro con un paciente, y su correlación con lo que viene a continuación, es una parte crucial para cumplir con los estándares clínicos. Llevar a cabo una auditoría de lo que salió bien o mal, y por qué, es la mejor manera para protegerse contra la autocomplacencia y aprender de los errores.

Durante una evaluación, alrededor de diez años después de empezar a trabajar aquí, la doctora refirió el caso de una paciente concreta con una prodigiosa capacidad de hacer que se le cayera el alma a los pies. No le gustaba admitirlo, pero aquella mujer era una pesada redomada, combativa y poco colaboradora. Cada vez que aparecía por la consulta, cosa que sucedía a menudo, la exasperaba hasta el punto de que acababa sintiendo una opresión en el pecho. El evaluador le sugirió que echara un vistazo a algunas de las nuevas investigaciones sobre el fenómeno del «paciente descorazonador», pues le ofrecerían otra perspectiva para abordar esos casos. Resultó revelador hacerlo. Los estudios no sólo señalaban que tendían a ser los médicos menos capaces y con menos experiencia quienes se quejaban de una mayor proporción de «pacientes descorazonadores» (perfecto para alentar a una chica que aún quería sacar las mejores notas), sino también que era un error responsabilizar al paciente de su actitud. De hecho, como respuesta emocional, ese descorazonamiento

169

incumbía al profesional y, por lo tanto, era él quien debía abordarlo, igual que lo haría si uno de sus instrumentos médicos estuviera fallando. Y, en cierto modo, así era. La relación estaba fallando y la mejor manera de solucionar el problema no era soslayarlo, sino afrontarlo, preguntarse a uno mismo por sus reacciones ante ese paciente y las respuestas que provocaban, y luego aplicar seriamente estrategias para reformular dichas reacciones y ajustar las respuestas.

Esta revelación cambió radicalmente el enfoque de la doctora con ciertos pacientes inquietantes o problemáticos, que dejaron de irritarla de aquel modo, y con el paso del tiempo fue más feliz en su trabajo. Como siempre, aquello exigía un compromiso diligente y adaptativo tanto del corazón como de la cabeza. Ahora son pocos los que consiguen desesperarla.

«Mis padres pertenecen al viejo mundo», dice el paciente, inquieto en la silla frente a ella. «No entienden lo que es la vida para un joven hoy en día. No entienden nada. Desde luego, no me entienden a mí... Piensan que soy ridículo. Que todo esto es una moda o algo así».

La doctora conoce a los padres del joven paciente, pero nunca habían hablado del tema. Sospecha que, en realidad, no han hablado de ello con nadie fuera de las cuatro paredes de su casa, con su pulcro jardín en la más señorial de las dos nuevas urbanizaciones a las afueras del pueblo. Todo en su vida parece dispuesto para poner a raya la naturaleza, hasta la chirriante y perpendicular valla que separa su césped, escrupulosamente cortado, de la espesa pradera y los árboles que crecen detrás.

Éste, su hijo mediano, siempre ha sido «el torpe» (palabras de los padres, no de la médica), dado a los «dramas» y a las «tonterías». Por lo que relata el paciente, ella deduce que sus padres se limitan ahora a mirar hacia otro lado, a hacer caso omiso del tema, como si no fuera real, como si no existiera. «No me hacen caso», se queja, con los ojos muy abiertos.

Lo conoce desde hace cuatro o cinco años, desde la mitad de su adolescencia. Una ansiedad aguda lo llevó a concertar su primera cita y pasaron algunos meses discutiendo una serie de problemas en la escuela. Al parecer, nunca se había sentido cómodo vistiendo el uniforme color pardo, ni con la piel que éste cubría, lo que hizo que la madre pusiera los ojos en blanco y sugiriera que con algún amorío se solucionarían las cosas. Después de eso, el joven dejó de ir a la consulta acompañado. Ahora acude solo, nada más bajarse del autobús, después del trabajo y antes de regresar a casa. A menudo nervioso y pidiendo disculpas mecánicamente, se ha ido abriendo con el paso del tiempo. La médica disfruta de esos encuentros al final del día mientras se encienden las luces de la calle. A veces, él se rapa la cabeza y se pasa el tiempo acariciándose con la palma de la mano la curva craneal, cubierta de un cabello incipiente, como si quisiera protegerla de un viento cortante. Ella sospecha que los padres están detrás de los cortes de pelo. Otras, se lo deja largo, y hay algo en la forma en que se gira que sugiere un deleite momentáneo en la sensación de ondear la melena. «Siempre he creído que mi cuerpo no me corresponde», le soltó, de sopetón, hace un año más o menos. «Que no me corresponde a mí tal y como soy por dentro». Hasta entonces la doctora nunca se había planteado de manera consciente esta posibilidad, pero no le extrañó ese exabrupto soltado al final de una cita para abordar algo por completo distinto.

A lo largo de varias consultas posteriores, la médica llegó a comprender que se trataba de un sentimiento que venía de lejos, que estaba presente todos los días de su vida. Se dio cuenta de que su falta de confianza se disipaba cuando trataban el tema. «Siempre lo he sabido», le confesó, desde que se probó el camisón de una prima cuando eran pequeños, aunque ya entonces supo que debía ocultárselo a sus padres. Hasta que no encontró apoyo en internet, hasta que no pasó meses hablando con extraños con los que acabó entablando una amistad, no había reunido el valor para contárselo a la doctora y, de hecho, aprendió qué decir. El día que acordaron una derivación a la Clínica de Identidad de Género, la joven le preguntó si le importaría que le diera un abrazo. «Por supuesto que no», le contestó, «debe de ser flipante».

De hecho, tiene varios pacientes trans que viven felizmente tomando hormonas por prescripción médica. Si hay problemas de salud que requieren un manejo delicado —un paciente hombre que necesita una citología o una mujer de edad avanzada a quien le vendría bien la prueba del cáncer de próstata—, la doctora ha descubierto que, con honestidad y respeto, esas sugerencias no difieren de muchas conversaciones confidenciales que tienen lugar en la consulta. «Lo importante son las personas», dice.

La lista de espera para esa clínica en esta parte del país es de más de dos años. Consciente de que puede ser la única persona en el mundo de carne y hueso de la paciente con quien puede hablar del tema, la médica ha hecho un seguimiento con citas más o menos mensuales desde que se hizo la derivación. En realidad, no es suficiente, lo sabe, pero es lo único que está en su mano. Quiere vigilar su estado psicológico, haciendo frente a esa interminable espera, a su decisión, a sus padres. La doctora deja que la paciente dirija la conversación y, en verdad, en los diez minutos extra de charla libre, tocan todo tipo de temas. Los pronombres, el cambio de «él» a «elle» es un Rubicón emocional. Cuándo contárselo a su mejor amigo

(«Todavía no», dice elle). Si aún le parece la decisión acertada («oh, sí, sí, sí»). Y de lo que realmente elle quiere hablar, por encima de todo lo demás, es de la ropa, el pelo y el maquillaje.

«Hoy me siento muy cómode», dice alisándose las rayas de la camiseta y una arruga en los vaqueros. «Llevo mi ropa. Me gusta».

La doctora no piensa demasiado en la ropa, ni en la suya ni en la de nadie, así que no percibe diferencia alguna entre la que suele vestir elle y la de ahora. No le resulta más femenina, aunque de inmediato su voz interior mete baza: «Pero ¿qué sabrás tú?». En el armario de su casa tiene un par de vestidos de trabajo que le gustan. Se los reserva para conferencias o para esos días en los está decaída de ánimo, pero no se siente a gusto hablando de moda: no es lo suyo. Lo confiesa, se disculpa, se ríe de ser «una negada para eso».

«¿Y qué me dices de la sombra de ojos? ¿Sabes cómo difuminártela?».

Ella le explica que no la ha usado desde que iba al colegio, y que entonces tampoco es que se le diera muy bien maquillarse. «Pero nos quedan un par de minutos, así que vamos a mirar en internet».

La consulta termina con ambas concentradas ante la pantalla de un ordenador mientras una maquilladora al otro lado del mundo se pinta los párpados con una paleta de iridiscencias, como la fría luz del invierno reflejándose en la superficie de un río helado. Las tres sonríen.

Pareciera que el enmarañado bosque que recubre el valle, cada arroyuelo y cada elevación rocosa, cada suave promontorio y cada pendiente ondulada, hubiera estado aquí desde tiempos inmemoriales, imperturbable ante los cambios. Sin embargo, en verdad el valle, tal como es hoy, parece más cercano a su estado originario de lo que lo ha estado en mil años, pues los bosques aquí han crecido y menguado a lo largo de los siglos, sus laderas se han podado, se han talado, se han explotado y se han repoblado una y otra vez. Las viejas fotografías del río, o del desaparecido ferrocarril que solía recorrer la cuenca del desfiladero de un extremo al otro, suelen mostrar unas familiares pendientes extrañamente desnudas, como si la espesura hubiera sucumbido a la maquinilla de un celoso barbero. Aun así, diseminados aquí y allá, un buen número de árboles centenarios gozaron de tal veneración que eludieron el hacha. Crecen alrededor de las tapias, a través de las cercas y en lo alto de las rocas alabeados por el invisible arbitrio del viento. Y así es como perviven, con una antigüedad tan magnífica como excéntrica, en medio de sus jóvenes primos de espalda recta, mudos testigos de siglos de vidas humanas fugitivas, en ocasiones brutalmente cortas.

Las paredes del dormitorio de la niña están decoradas con imágenes de caballos, pegadas en fila con masilla adhesiva. Son cuidadosos recortes de la revista *PONY*, en los que aparecen caras equinas con ojos de cervatillo y arreos en color pastel, con pies de foto que rezan «¡Pony, amigas para siempre ♥!» en letras rosas. La doctora las alaba mientras termina de examinar a la pequeña en la cama y recoge su bolso, que está junto a la mesilla de noche, con su borde festoneado y su ordenada colección de peluches. Le pregunta cuál es su caballo favorito. Los ojos azules de la cría pestañean lentamente, como si les pesaran los párpados. Contempla las fotografías un momento, sin girar la cabeza, pero no dice nada.

—¿Qué te parece, cariño? —le pregunta su madre, sentada en un extremo de la cama—. Te gusta ese negro de ahí, ¿no? El de los arreos turquesa. ¿Y qué me dices de ese gris tan precioso? Nos encanta, ¿verdad? Tiene unos ojos increíbles.

—Sí —contesta ella mirando a su madre—, el gris. Ése era nuestro favorito.

—Pusimos esas ilustraciones el año pasado —le dice la madre a la doctora, como queriéndole explicar el uso que hace su hija del pretérito.

La pequeña, de nueve años, padece leucemia. Está al cuidado del hospital y ha recibido quimioterapia intensiva los dos últimos años. Los oncólogos infantiles la ven cada semana, pero en las últimas veinticuatro horas ha empeorado: fatiga extrema, dificultad para respirar y unos bultos en la ingle. Antes de decidir si debe ingresar, el oncólogo ha sugerido a su médica de cabecera que compruebe si hay una infección respiratoria o, si se trata de algo menos grave, que le dé algo para aliviarle los síntomas. Por desgracia, el examen que acaba de hacer sugiere que no es así.

Madre e hija viven solas en la ladera que desciende hasta el pueblo en el extremo opuesto del valle. La pequeña no tiene hermanos y no se sabe nada del padre. La doctora tampoco pregunta. Ambas parecen muy unidas, como si fueran las dos mitades de un todo. Aunque rara vez tiene la sensación de estar vulnerando la intimidad de sus pacientes cuando los visita a domicilio, aquí le sucede al contrario. Las dos están tan volcadas la una en la otra que se siente como si estuviera al otro lado del grueso cristal de un acuario.

Ahora la paciente se mueve un poco y mira a la médica. Le apetece un zumo. Resuenan los pasos de la madre bajando las escaleras. Cuando se oye la puerta de la cocina, le pide a la doctora que abra el libro que hay en el cajón superior de su mesilla de noche. Le ha escrito una carta a su mamá.

«He pensado que mamá podrá leerla cuando yo ya no esté», suelta sin rodeos. «Quiero decirle que no se preocupe por nada. Seguro que se pondrá triste y, si le escribo cosas bonitas, eso la ayudará».

Después de una pausa, añade: «Porque creo que sé lo que me está pasando».

La médica dobla la carta y la devuelve a su lugar. Le pregunta si su madre está al tanto de que le va a dejar un mensaje.

«No», responde rápidamente la pequeña, «y prométeme que no se lo dirás. Supongo que ahora le resultará insoportable saber que lo sé. Que sé que estoy muriéndome».

En el transcurso de su estancia en el valle, sólo ha conocido a un puñado de niños enfermos terminales, pero jamás ha tenido con ellos una conversación como ésta. Sin embargo, puesto que cuando estudiaba Medicina contempló especializarse en Pediatría, hizo su optativa en oncología infantil, por lo que sabe lo extraordinarios, lo espirituales, que suelen ser los pequeños agonizantes. Dicen y hacen cosas distintas al resto de los niños. Hay algo especial en ese cruel proceso: el dolor, el miedo, el querer proteger a los demás. «Se vuelven diferentes», cuenta la doctora. No se le ocurre otra forma de expresarlo.

Refrenando algo que parece tan involuntario como un reflejo de consolar y tranquilizar a su paciente con un «Por supuesto que te vas a poner buena, todo saldrá bien», la doctora dice algo que sabe que es inútil, que todo el mundo está haciendo lo imposible para ayudar. «Te veo muy tranquila», le dice.

Como oyen a la madre subiendo las escaleras, la niña sonríe y susurra: «Creo que morir te hace madurar muy rápido. Pero ¿me prometes que no te olvidarás de la carta después?». Tras conducir unos cuatrocientos metros por la carretera en dirección a la consulta, la doctora se detiene en un apartadero junto a un grupo de enormes y nudosos castaños. Deben de ser centenarios y, aun así, distingue brotes verdes en cada una de sus ramas. Para el motor y los contempla a través del parabrisas.

Las mañanas de la doctora del valle comienzan a las seis. Dientes limpios, media hora en la elíptica mientras lee las noticias en su *tablet*, ducha, café, cereales, sándwiches para el almuerzo, tazas de té para los chicos y un abrazo, salida a las 7:40 en bicicleta, en coche si está lloviendo, y estar en el trabajo antes de las ocho. Tetera encendida, charla rápida con el equipo, luego directa a comprobar los resultados de los análisis de sangre de la noche anterior, concertar citas para posteriores exámenes, delegar lo que puede a las enfermeras, revisar la correspondencia del hospital, echar un vistazo a la lista de citas del día, y preparada para empezar.

No existe una consulta típica, no del todo, pero he aquí lo que es una mañana de unas semanas antes de que comience su vigésimo año en el dispensario del valle. Estamos a finales de 2019.

9:00 Hombre de mediana edad, depresión.

9:10 Hombre joven, dolores en el pecho, síntomas urinarios.

9:20 Hombre mayor, cirugía cancelada por ansiedad, revaluar plan futuro / riesgos si no se opera.

9:30 Mujer mayor, gastroenteritis desde el regreso de sus vacaciones en la India.

9:40 Mujer de mediana edad, embarazo accidental, compromisos familiares importantes (madre frágil, hijos adolescentes), cree que continuar con el embarazo es imposible, pero desea hacerlo. Devastada.

9:50 Mujer de mediana edad, dolor de cuello, reflujo ácido, ansiedad.

10:00 Hombre mayor, hipertensión, problemas de próstata.

10:10 Mujer de mediana edad, infección severa en el pecho, dolores de cuello.

10:40 Mujer de mediana edad, neuralgia del lado derecho, dolor de cabeza, fuerte ansiedad, revaluar tumor cerebral.

10:50 Mujer mayor, debilidad ocasional en las piernas, dificultad para caminar, la paciente no sabe por qué. Examen normal.

11:00 Hombre joven, control de la ira, deudas, reciente cárcel, comportamiento amenazante en la consulta.

11:20 Mujer de mediana edad, TRH ya no disponible, revaluar ansiedad.

11:30 Mujer joven, ansiedad, depresión, múltiples causas de estrés vital.

11:40 Hombre de mediana edad, quiste infectado, exceso de alcohol, derivado para escáner hepático.

11:50 Mujer mayor, ansiedad, depresión, espera que esto sea la razón de su pérdida de memoria.

12:00 Mujer mayor, revisión de EPOC.

Consultas a domicilio:

Hombre mayor, dificultad respiratoria y desmayos.

Mujer mayor, caída en las escaleras, se niega a ingresar en el hospital.

Hombre mayor, incapaz de levantarse.

La lista anterior lo dice todo y nada de esa mañana de noviembre. Puede ofrecer alguna pista sobre el alcance, el ritmo y lo indefinido de su trabajo, tal vez. Pero de lo que se desarrolló en términos humanos tras el fluorescente resplandor de las ventanas del consultorio, de eso, en el mejor de los casos, ofrece una imagen reduccionista. Es como mirar el *ticket* de la compra de alguien con la esperanza de conjurar el sabor de lo que cocinó después, de lo que hablaron mientras comían y con quién, las historias que se contaron. La lista podría leerse con idéntica facilidad: Simon, Danny, Robert, Christine, Sarah Amanda, Neville, Joanne, Claire, Beryl, Andy, Ruth, Chantal, Richard, Pat, Eleanor, Edward, Jackie, Ron. O cualquier otra enumeración. Entre estos diecinueve pacientes, a todos los cuales ve cara a cara, hay un cáncer, un grave trastorno mental, una sospecha de abuso en el pasado, un nuevo diagnóstico de cardiopatía y dos incipientes demencias para las que las consultas son la primera pista. Ahora bien, como es natural, aquella mañana la doctora no podía saber nada de esto con certeza. Es parte intrínseca de la labor del médico generalista que cualquier sospecha de una afección grave sea siempre provisional, nunca un diagnóstico cerrado, sino la primera etapa en el camino hacia un especialista que estará en otra parte. Lo que sí sabía era que había atisbos de diecinueve vidas muy diferentes y, más allá, una remota red de otras tantas vidas alrededor del valle que sentirían el impacto de lo que ella y sus pacientes hablaron entonces mientras el viento arremolinaba las últimas hojas del año.

Y, por supuesto, ésa es sólo la mitad de la jornada. A media tarde, la doctora estará haciendo trámites burocráticos y llamadas de seguimiento a otros pacientes antes de prepararse para las consultas de la tarde, en las que atenderá a unas diez personas. Doce horas o más después de haber salido de allá, regresa a su casa de la ladera. La cena, un paseo por el bosque o una hora de televisión con la familia y, la mayoría de las noches, otra hora y media sentada a su escritorio, quizá algo de yoga, decididamente algo de lectura y las luces se apagan a las once y media de la noche. A dormir.

Habrá tenido en torno a ciento treinta mil citas en estos primeros veinte años en el valle. Pero comprende que lo numérico y lo técnico, hasta lo abiertamente clínico, no es más que una parte ínfima de su historia aquí. Detrás de estas ciento treinta mil citas hay algo que otros médicos ya no disfrutan: un número significativo de relaciones personales duraderas y de calidad que sientan los cimientos de los pilares de la buena atención sanitaria, la confianza, la compenetración y la empatía. A pesar de que muchas de esas consultas han sido de amigos y vecinos, es importante entender que no se trata de amistades *per se*, al contrario: representan un vínculo distinto y único, que está por definición en continuo cambio y que se basa en un delicado equilibrio entre intimidad y distancia.

Todo esto ha surgido en parte de manera deliberada y en parte accidental, una confluencia de causas y efectos en que los acontecimientos se sucedieron para esta afortunada mujer. Ciertamente, primero eligió este valle, luego este consultorio y, más adelante, eligió ejercer su profesión de una determinada forma. Sin embargo, el centro médico no es pequeño y rural porque ella lo haya querido así, sino porque éste es un lugar pequeño y rural. Eso significa que ella no está compartiendo una lista de hasta cincuenta mil pacientes con una docena de médicos diferentes ni tampoco está viendo a cuarenta, cincuenta, incluso sesenta al día, como les ocurre a algunos de sus colegas urbanos. Eso sí, siempre está ocupada, y por eso es capaz de llevar a cabo su trabajo y dedicarle el tiempo que requiere. Comparte con un equipo pequeño y muy unido una lista de pacientes bastante estable, ya que la gente de este valle tiende a ser fiel, y, una vez que han conocido a su doctora, si están enfermos, es a ella a quien quieren ver. No es un truco de magia, pero, a la vez, lo es.

El auge de las pruebas médicas ha visto avances notables en el tratamiento de enfermedades y ha mejorado los resultados médicos hasta volverlos irreconocibles. Sin duda, esto fue decisivo al principio de su carrera, ya que así pudo apoyar sus decisiones clínicas en un marco de buenas prácticas que se sustentaba en los últimos avances científicos. Lo que resulta más difícil de medir, en términos de eficacia, es el valor de la relación médico-paciente dentro de ese marco, pues, dada la dificultad a la hora de cuantificar en cifras puras y duras el rendimiento, éstas se inclinan inevitablemente a incentivar los resultados que son más fáciles de definir en términos estadísticos, en un plano poblacional más que en el personal. Aunque no sea malo en sí mismo, este cambio cultural hacia intervenciones estandarizadas para unas condiciones médicas corrientes ha dado pie a una cascada de consecuencias dentro de la atención primaria, muchas de las cuales han erosionado la relación médico-paciente sobre la que se construyó en el pasado.

La carga de trabajo ha aumentado. Los dispensarios y sus equipos han crecido. El papel de la tecnología se ha ampliado. El trabajo a tiempo parcial se ha convertido en la norma. Cierto sector de la prensa suele emplear la cuestión del trabajo a tiempo parcial como un palo con el que golpear al creciente número de mujeres en medicina general, pero, en realidad, para los profesionales de ambos géneros, esta reducción de horario es el único modo de soportar la presión. Mientras tanto, la gestión al por mayor del riesgo según directrices estandarizadas triunfa sobre la opinión de los médicos individuales. Así, por incrementos, el eje se ha inclinado desde un énfasis en el enfermo hacia un énfasis en la enfermedad, de la interacción a la transacción. Además, a medida que ha aumentado el número de pacientes, el acceso a un médico, a cualquier médico, ha llegado a ser la prioridad absoluta, y las relaciones personales se ven relegadas a los márgenes. Se habla mucho de una atención continuada, pero se consigue con mucha menor frecuencia y, al ser tan difícil de controlar, no figura en el marco de los incentivos salariales de los médicos generalistas. Es, desde cualquier perspectiva, una muerte por mil cortes para la relación médico-paciente, que ahora parece tan alejada de la historia del doctor Sassall en *Un hombre afortunado* que cabría considerarla un melancólico cuento de hadas de hace mucho, mucho tiempo.

Por lo común, dentro de la medicina general existe una creciente sensación de que todo esto representa nada menos que una emergencia existencial. La preocupación de que se está perdiendo algo trascendental ha llevado a intensificar los esfuerzos de investigación para comprender, articular y cuantificar el valor de las relaciones humanas dentro de la atención médica antes de que sea tarde. Se necesitan pruebas contundentes para impulsar un cambio de políticas. De hecho, un número cada vez mayor de investigaciones relaciona el hecho de visitar al mismo médico a lo largo del tiempo con una serie de beneficios significativos, tanto clínicos como financieros. Entre ellos se incluyen mayor observancia de los consejos, mejor respuesta a las vacunas, menor uso de los servicios fuera del horario laboral, menores tasas de derivación, mejor retentiva por parte de los profesionales, mayor satisfacción de los pacientes y menos ingresos hospitalarios de urgencia. Incluso, según dos influyentes artículos publicados en el *British Medical Journal* en 2018 y en el *British Journal of General Practice* en 2021, existen pruebas cada vez más sólidas que vinculan la continuidad asistencial con tasas de mortalidad más bajas. De hecho, cuanto más larga es la relación entre médico y paciente, menor es la tasa de mortalidad, un veinticinco por ciento menor tras quince o más años de conocerse frente a un solo año de relación. El presidente del Real Colegio de Médicos Generales lo expresó de la siguiente manera: «Si las relaciones fueran un medicamento, los responsables de desarrollar directrices ordenarían su uso».

Sin embargo, los médicos de familia, como la mujer que está de pie ante la puerta trasera de su consulta en el frío valle mirando el antiguo huerto del hombre afortunado son una especie en peligro de extinción. La doctora no es capaz de imaginar, a medida que 2019 toca a su fin, qué nuevos peligros les deparará el futuro tanto a sus pacientes como a su profesión, que tanto ama. Como siempre, su mente bulle, llena de planes. Se ha embarcado en una iniciativa comunitaria dirigida a adultos y niños vulnerables de la zona. Está entusiasmada y esperanzada para el año que empieza.

El río que discurre más abajo no mira ni al futuro ni al pasado. Como lleva haciendo desde hace incontables milenios, existe en un presente que fluye rápidamente y transita por tantos estados de ánimo como días tiene el año. A veces sus aguas son silenciosas y plateadas; otras, de un profundo verde coral, o, tras una tormenta, aterradoras, rugientes, del color escarlata de la tierra que las recias lluvias arrastran por la ladera, y su corriente bulle con la madera arrancada del bosque. Aunque la profundidad del valle hace que en muchos lugares sea imposible abarcar con la mirada el agua y el cielo al mismo tiempo, los colores del río abrazan el día y reflejan el humor del cosmos en forma líquida. Tal vez este caleidoscópico virtuosismo sea la razón por la que casi todos los que viven aquí se sorprenden contemplándolo como si se tratara de un mayor o de alguien admirable, como si fuera el centro de su existencia. «¿Has visto el río hoy?», se dicen unos a otros cuando las aguas crecen o decrecen, o cuando están azules, o marrones, o claras, o turbias, o calmas como un espejo o furiosas como el infierno. Igual que un familiar imprevisible pero querido.

Aun así, pocos estaban preparados para lo que ocurriría aquel febrero, cuando decidió corresponderles desbordándose e inundando las casas de un extremo a otro del valle. Fue el comienzo de lo que sería un año extraordinario.

IV

Febrero en el valle es duro. Durante días, apenas hay luz. El cielo, de un plúmbeo gris hormigón, pesa sobre las tierras altas e inmoviliza cuanto queda abajo, lo ensombrece. Hace semanas que no para de llover; no una lluvia electrizante, catártica, atronadora, sino una extenuante precipitación de agua fría desde una atmósfera apagada día y noche. El río, crecido y pardo como un charco, parece impermeable a la escasa claridad que le llega desde lo alto; los surcos de su superficie recuerdan a un campo arado en movimiento. El suelo está embebido y oscuro; cualquier intento de paseo es más un ejercicio de hundirse y resbalar por el barro. A menos que desee atender a sus pacientes al estilo de un pobre soldado recién llegado de la batalla del Somme, la doctora ya puede olvidarse de ir al trabajo en bicicleta. En casa, las luces están encendidas todo el día. Los zapatos y las botas se alinean, calados, encima de un periódico húmedo en el vestíbulo. Colgados, los abrigos gotean jurando categóricamente que no se secarán antes de primavera, y las manchas de humedad se extienden por la pared donde el tiempo meteorológico se ha abierto paso a través de la vieja mampostería. Las alegrías primaverales del cuco, el dulzor de los prados en verano y las majestuosas glorias del otoño se pagan, con intereses, en febrero. Quienes viven aquí lo saben y, durante un mes, no tienen más remedio que resignarse.

Es fin de semana y la doctora está en el estudio de su casa escribiendo un artículo sobre la prevención para una página web de asistencia sanitaria. Ha sido una semana extenuante; las inundaciones han sido devastadoras para varios de sus pacientes, que encontraron sus viviendas anegadas por la crecida del río. Ahora se alojan en casas de familiares o amigos, sus sofás están en el contenedor y las secadoras industriales llenan de aire sus paredes cubiertas de cieno. Las partes bajas de dos aldeas se han evacuado y se ha cortado el pueblo en tres direcciones, lo que limita el acceso a los consultorios. Como ocurre siempre que se produce una crisis, su equipo, a estas alturas todas mujeres prácticas, se unió para afrontarla. En un abrir y cerrar de ojos, estaban poniendo a disposición de los vecinos una flota de vehículos 4x4, trazando rutas transitables y organizando a quién recoger o dejar en tal sitio para asegurarse de que el dispensario contara con personal para aquellas citas que no podían aplazarse hasta que las aguas decrecieran.

Con frecuencia, la doctora se pregunta qué haría sin estas mujeres maravillosas. Le cubren las espaldas a diario. A veces le preocupa que, por estar demasiado atareada, no pueda reconocerles lo valiosas son para ella y para la consulta. Siendo como es una entusiasta defensora de los propósitos de Año Nuevo, ha resuelto que en 2020 (1) será puntual (resolución que formula e incumple cada año) y (2) dedicará más tiempo a su equipo.

El artículo que está escribiendo para la página web es una especie de diario construido a partir de extractos de su propio diario. Lo irá ampliando en las semanas siguientes, cuando tenga un momento libre, aunque le cuesta centrarse. Se supone que el tema es la prevención, uno de sus intereses profesionales, pero la actualidad se interpone en el camino. Resulta extraño, incluso provinciano, estar escribiendo sobre la prevención cuando gran parte del mundo está obnubilada por el virus que ha aparecido en China y que la semana anterior alcanzó las costas británicas. Aun así, hoy por hoy sólo se han contado nueve casos en el Reino Unido, por lo que intenta, torpemente, combinar ambos temas. No es una combinación fluida.

Las primeras entradas dicen cosas como «12 de febrero. No hay muchas novedades sobre el coronavirus. Tal vez desaparezca igual que llegó. Estoy escribiendo una presentación sobre la prevención en los adultos. La atención primaria está en una posición única para ser un actor clave en ese tema». No obstante, a medida que trascurren los días, le cuesta seguir esa línea. Las reflexiones en torno al tema original quedan a un lado para ceder el protagonismo al virus. «En las redes sociales varios grupos de médicos han estado debatiendo sobre la actualización de sus voluntades» (22 de febrero). «Hoy se ha producido la primera muerte en el Reino Unido» (25 de febrero). «Estoy esforzándome por pensar mucho más allá de la COVID-19. Sólo le hemos hecho las pruebas a un paciente y han dado negativo» (1 de marzo).

Ha empezado a levantarse a las cinco de la mañana para mirar fijamente la negrura, preocupada por lo que va a llegar, por la mejor forma de proteger a sus pacientes y al equipo de la consulta. Está pensando en ir a comprar pasta en grandes cantidades, por si la familia tuviera que guardar cuarentena, y se ha dado cuenta de que no para de repetir «¡Lavaos las manos!» como una alegre maestra de primaria, aunque no se siente ni remotamente alegre. «Se está hablando de que la gente trabaje desde casa, de cerrar las escuelas, de que los ancianos se aíslen. Es ridículo, aún es difícil saber si esto será de verdad serio o si desaparecerá sin más, como el efecto 2000» (8 de marzo).

Hace más o menos una semana, pidió un nuevo teléfono a prueba de agua para poder escuchar música o un audiolibro bajo esa lluvia interminable. No puede quedarse en casa todos los días: se volverá loca. Ayer llegó el terminal, y anoche escuchó «Famous Blue Raincoat», de Leonard Cohen, en la ducha. Le vino bien, aunque tampoco fue para tanto. «Hoy Boris Johnson ha sugerido que podríamos encajar el golpe de la COVID-19 y minimizar las consecuencias económicas» (9 de marzo). «Algunas personas en las que confío están empezando a avisar de que no hay suficientes respiradores. Hemos decidido no permitir la entrada a nadie con tos, dolor de garganta o fiebre a la sala de espera» (10 de marzo). «Se han repartido

EPI. Un poco endebles al lado de los trajes NBQ blancos que se ven en las noticias» (1 de marzo).

Continúa escribiendo unos días más, ya sin mencionar la prevención. Todo es virus. Las reuniones diarias de planificación en la consulta. La sensación de mareo en la boca del estómago al ver una multitud en una de las grandes carreras de caballos del año. El intento, frustrado por unos vientos aullantes y el granizo, de ocuparse de los pacientes bajo una endeble carpa en el aparcamiento. La decisión, tomada desde arriba, de suprimir las citas presenciales de cualquiera al que se pueda atender por teléfono. Su sala de curas, recién acondicionada, a la que se accede por una puerta trasera del dispensario, donde se recibe a pacientes en situación de riesgo para evitar que contagien a todo el edificio. Los surrealistas retos de intentar evaluar los síntomas respiratorios por teléfono haciendo que un adolescente lea en voz alta un texto de mitología griega mientras ella trata de percatarse de si le falta el aire. Sus vidas están cambiando. Es consciente.

Como a su marido no le convencen ni la mascarilla de papel ligero ni las gafas de plástico que ella usa en el trabajo, ha recorrido varias tiendas de productos de construcción de la ciudad y ha vuelto con una máscara respiratoria diseñada para proteger contra las fibras de amianto y los humos peligrosos. La doctora se la prueba en la cocina de casa. Está a medio camino entre una película de catástrofes y una fiesta de disfraces, ninguna de las cuales tranquilizará a sus pacientes, cree. La sensación de que todo el mundo se está reconciliando es vívida y desconcertante.

Escribe una última entrada en su diario *online* el día 1 de marzo, desanimada. Después de eso, nada. Tiene otras cosas que hacer.

Es como si hubieran transcurrido dos años desde que escribió aquel artículo en forma de diario, y no dos meses. El ambulatorio está misteriosamente tranquilo salvo por el timbre de los teléfonos; la sala de espera, desierta; con cinta adhesiva amarilla y negra extendida sobre uno de cada dos asientos. Fuera hace un calor inusual: el mercurio ha subido hasta temperaturas veraniegas incluso antes de que los brotes de los árboles se abran.

Con el comienzo de la pandemia y el requisito de que los médicos de cabecera pasaran consulta con la bata de quirófano, la junta sanitaria local se halló falta de material. Un puñado de lugareñas se sentó a sus Singers y transformó ropa de cama vieja en batas, pantalones y camisas para los doctores del condado. Al principio, había dieciocho «bateras», como se hacían llamar las modistas; en quince días, eran trescientas.

Así pues, aquí la tenemos ahora, en la consulta, con la cara cubierta de plástico, asada de calor y envuelta en una funda nórdica azul de mediados de los ochenta. La doctora sabe que no tiene un aspecto muy digno, pero la tela es suave y la reconforta, de un modo extraño, a medida que la carga de trabajo y las muertes aumentan. Al principio, a algunos les parecía improbable que el virus se abriera paso en lugares bucólicos como éste, pero por supuesto que lo hizo. Los gráficos de infectados, decesos y exceso de defunciones emulan aquí más o menos las cifras nacionales. Por lo visto ni los verdes árboles, ni el cielo azul, ni el aire fresco, ni los borboteantes meandros del río disuaden al virus.

La confianza se vuelve frágil y lo nota. Caminar por la fina línea que hay entre alentar la aceptación e infundir esperanza en que el resultado sea diferente no es nada nuevo para ella. Hace tiempo que considera que una parte primordial de su trabajo es conseguir que esas espinosas conversaciones sobre el fin de la vida y la agonía sean algo más fáciles. Y eso se logra con familiaridad, sinceridad, amabilidad y tiempo. Debe reconocer que es difícil hablar de algo tan complejo e insondable por teléfono en lugar de cara a cara. Y ahora a menudo esas conversaciones se desarrollan con pacientes y familias a las que no conoce. Mientras los hospitales se apresuran a deshacerse de los ancianos para reubicarlos en residencias locales y comunitarias, su lista está salpicada de nombres nuevos a los que no pone cara, ni contexto, ni historia. Se desvive para establecer una buena relación en llamadas que con frecuencia duran hasta una hora, pero no siempre es suficiente. Esta mañana, una mujer le ha espetado: «Admítelo. Sólo intentas deshacerte de mi madre porque es vieja y no importa tanto como los demás». La médica le explica las cosas y al fin la calma, pero acaba con dolor de cabeza. Y le esperan otras cinco citas por el estilo. De los certificados de defunción que ha firmado en las últimas ocho semanas, el ochenta por ciento han sido de ancianos que han sucumbido a la COVID-19. Esta primavera es, sin duda, la época más dura a la que se ha enfrentado en toda su carrera: el miedo, la tristeza y un caos furioso, pero también la sensación de que no puede meter la pata. Debe dar un paso adelante, y otro más, y otro. Ni siquiera sabe muy bien qué significa eso.

A última hora de la tarde, tras varias horas al teléfono hablando sobre la muerte y estudiando detenidamente fotografías que le envían por correo electrónico de sarpullidos y lunares, verrugas y juanetes, recibe a su primer paciente presencial del día. Una joven madre le ha llevado a su bebé, al que le duelen los oídos. En una situación normal, primero lo vería la enfermera, pero se ha confinado y aquí, en este lugar retirado del mundo, es difícil conseguir con tan poca antelación a alguien que cubra su puesto. Así las cosas, la doctora recibe a la madre y el bebé. En la última década, a causa de la asignación de los cuidados prenatales a las comadronas comunitarias y visitadoras sanitarias, no suele atender a tantos bebés como antes y los echa de menos, así que se lo toma como un regalo al final de una semana horrible.

Una de las adversidades de la pandemia es la dificultad de establecer simples conexiones humanas con los pacientes, mediante el tacto, el contacto visual, los gestos, las expresiones faciales. A la mayoría los conoce tan bien que ha perdido la costumbre de presentarse; lleva años sin hacerlo. Sin embargo, hace poco pasó consulta a varios habituales enfundada en un EPI y después descubrió que no se habían percatado de que había sido ella quien los había examinado. Por alguna razón, le resultó de lo más inquietante. Por eso, ahora comienza sus citas diciendo su nombre seguido de un alegre «¡Hola, soy yo quien está dentro de este aparatoso disfraz!». De vez en cuando, algún distinguido caballero entrado en años le extiende un brazo para chocar el codo y, detrás de sus mascarillas, se ríen de la extrañeza de todo ello.

Ante ese bebé, que inclina sus doloridos oídos hacia sus hombros regordetes, es consciente del vano ejercicio que supone sonreír de oreja a oreja a través de una máscara y un escudo. A pesar de todo, una sonrisa es más que una boca y unos dientes, claro que lo es, y por eso los ojos del pequeño se iluminan y una enorme sonrisa se extiende por su rostro como un sol naciente, como una gracia. Después de acompañarlos a la salida, por primera vez en semanas, la doctora vuelve a su despacho con el corazón ligero.

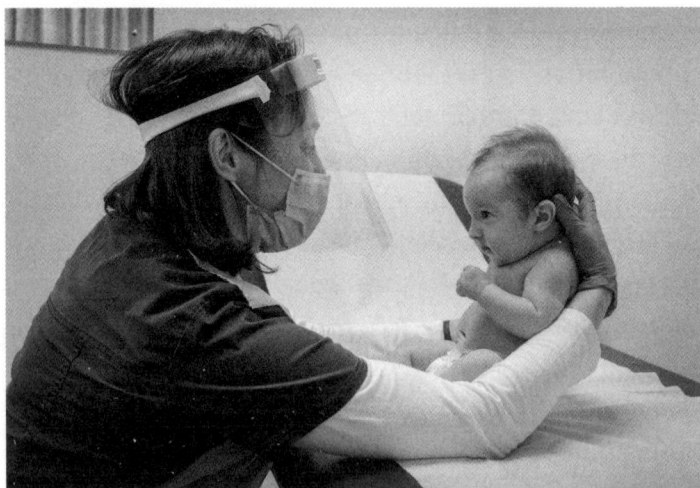

Las sonrisas y el contacto visual no son, por supuesto, los únicos elementos no verbales de un encuentro eficaz entre el médico y el paciente, un encuentro que construye una relación sólida. El papel del tacto se ha tratado poco en la literatura médica, pero su gran valor terapéutico está ampliamente reconocido. Siembra confianza, empatía y cooperación. Además, en momentos de angustia, miedo, dolor o duelo, desempeña un papel vital para consolar al paciente. Todo esto quizá no sea sorprendente: el tacto cumple una función fundamental en casi todas las relaciones humanas. Lo que es más interesante es la manera en que se integra en las interacciones médico-paciente, sin que necesariamente llame la atención. Ella, la doctora, suele tocar al paciente en el transcurso de una consulta. «Tiende puentes», sostiene. Puede producirse en forma de «contacto expresivo» —una mano espontánea en el hombro, un ligero golpecito en el brazo, incluso al quitarse un abrigo para colgarlo junto a la puerta— o de «tacto procesal», tomando el pulso, auscultando o realizando un examen físico. Ha aprendido que el contacto físico encierra un valor que va mucho más allá de lo que podría descubrir en términos clínicos en la propia exploración. El tacto importa. Abre puertas.

Por desgracia, este año, en las raras ocasiones en que toca a alguien, es a través de los guantes. La diferencia es perceptible de mil maneras sutiles.

Cómo ha cambiado el mundo en 2020.

El anterior médico del valle, el que había sido compañero del doctor John, solía contar anécdotas cómicas de los límites que traspasaban los pacientes, a veces literalmente: le hacían una pregunta médica a grito pelado a través de la ventana de la cocina mientras él disfrutaba de su desayuno dominical o lo llamaban a casa a las cuatro de la mañana porque padecían estreñimiento. Mucho de esto terminó cuando se puso fin a la atención veinticuatro horas. Aun así, en los albores de su carrera, la nueva doctora se descubrió cierto día buscando refugio debajo de la mesa de la cocina al ver que llamaba a su puerta alguien que ella sabía que se encontraba mal de salud y que probablemente trastornaría la tarea que estaba tratando de terminar a toda costa. Sorprendida ella misma por lo absurdo de esconderse en su propia cocina, resolvió ser más directa. En los años que han transcurrido desde entonces, ha aprendido mucho y, cada vez que la abordan con preguntas médicas de naturaleza especulativa mientras pasea a los perros o lava el coche, replica que le parece un tema importante, pero que trabaja mejor con su ordenador. «¿Por qué no me llamas el lunes a primera hora y lo comentamos en cuando tenga delante tu historial y esté concentrada?». Por otro lado, en ciertos casos en los que los pacientes están muy enfermos y ella posee conocimientos concretos que facilitan su tratamiento en casa, les da su número de móvil y los anima a que la llamen a ella en vez de a urgencias. Rara vez abusan. En general, son respetuosos con su tiempo libre y su espacio privado. Dice que en esta zona son pocos quienes cierran sus puertas, así que eso de permanecer aislada en la propia fortaleza no funcionaría.

Hace unos años, había ido a casa a la hora de comer y oyó cierto alboroto abajo, en la cocina, donde encontró a un paciente, su vecino, doblado sobre la mesa, presa del pánico y sin aliento, aparentemente a punto de tener un infarto. La doctora ya había cogido el teléfono para llamar al 999 cuando él le hizo señas para que se detuviese. Al fin, cuando recuperó el habla, le contó que uno de sus perros, que tenían la costumbre de visitar a los vecinos con la esperanza de que le dieran alguna salchicha, se había comido un poco del matarratas que guardaba en su garaje. El esfuerzo de correr con el terrier en brazos casi había acabado con él, pero todo terminó bien: hombre y perro intactos. Era una de esas historias de las que se reían cuando las dos familias vecinas se juntaban para hacer barbacoas en el pequeño césped que separaba sus casas o para tomar un jerez la mañana de Navidad.

Aquellos días se le antojan muy lejanos. A medida que la pandemia se extiende, a la doctora le cuesta no sentirse desconectada de sus encuentros con los pacientes. Se descubre a sí misma anhelando algo que en principio no resulta tan crucial: la espontaneidad. Su compañera de consulta lleva unos meses de baja y ahora quiere protegerse, por lo que en esencia se ha quedado sola acarreando una carga de trabajo más pesada que nunca. La mayoría de las semanas tiene nueve o diez reuniones con su equipo. Es porque quiere pasar más tiempo con ellos. A pesar de que están bajo el mismo techo desde el amanecer hasta la noche y de que continúan proporcionando a los pacientes el mejor apoyo que cabría imaginar, siente que sus esfuerzos son vanos. Todos lo sienten.

En los albores de la crisis, la comunidad se moviliza, igual que las comunidades del resto del país, del mundo entero.

Un grupo de aldeanos ha organizado el reparto de medicamentos desde el consultorio a los ancianos que se han confinado en sus casas. Se han bautizado con el nombre de pila de la doctora y dicen que son su «ejército». Aunque esa idea la estremece, está agradecida y orgullosa de ellos.

A medida que transcurren los meses, la médica va prescindiendo casi por completo de su apellido y de su título. No es una decisión consciente, sino más bien intuitiva. Quizá esté relacionada con el peso que tienen los nombres cuando no se ve una cara, ya sea por las múltiples capas del EPI o porque se habla por teléfono. Tal vez sea un mero intento de dar calidez al frío asunto de la consulta telefónica, de avivar las relaciones. A algunos miembros de su equipo se les ponen los pelos de punta cuando los pacientes se dirigen a ella por su nombre o, peor aún, por el desenfadado hipocorístico reservado para familiares y amigos íntimos. «A ver, que esto no es ni el pub ni una tienda», replica una. «Aquí no se viene a pedir una pinta o una bolsa de caramelos». Pero a ella no le importa. «Lo he hecho inconscientemente», explica. «No creo que necesite toda esa formalidad. No necesito ese respeto anticuado. Una consulta es un trabajo de equipo; por eso el objetivo es que la conversación sea lo más cómoda y de la mayor ayuda posible. Aun así, si al paciente le gusta un poco de formalidad y quiere llamarme doctora Fulana de Tal, entonces yo le responderé igual, me adaptaré». La doctora tiene un paciente que la saluda cariñosamente por su nombre de pila completo. «Y me entristecería que de pronto se dirigiera a mí de otra forma», dice.

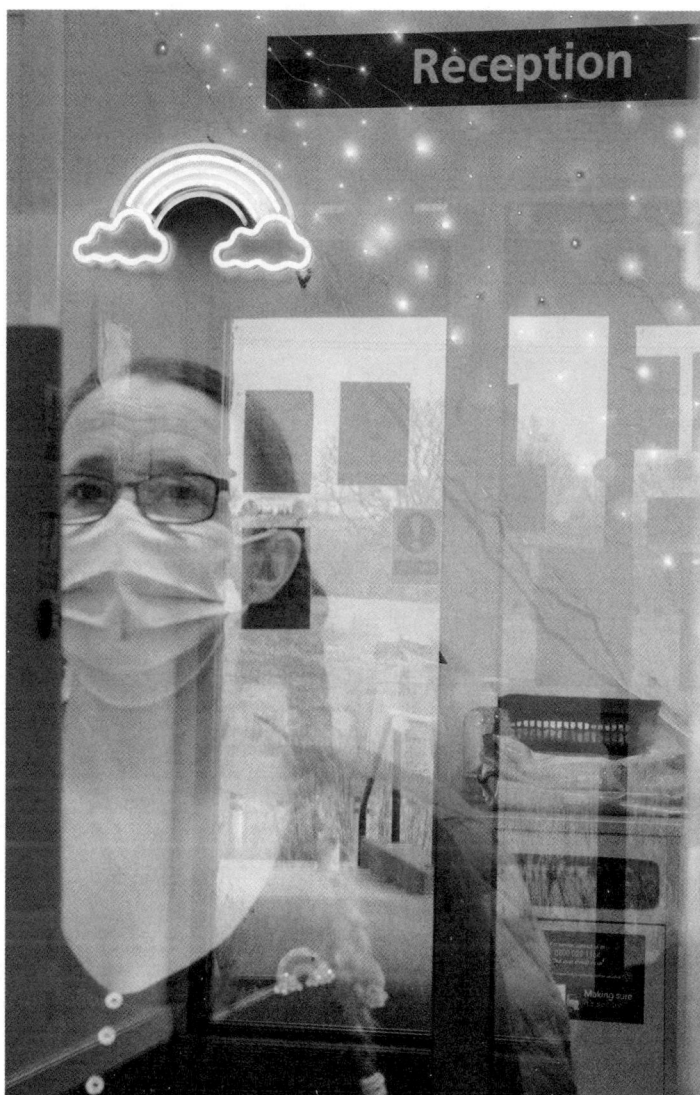

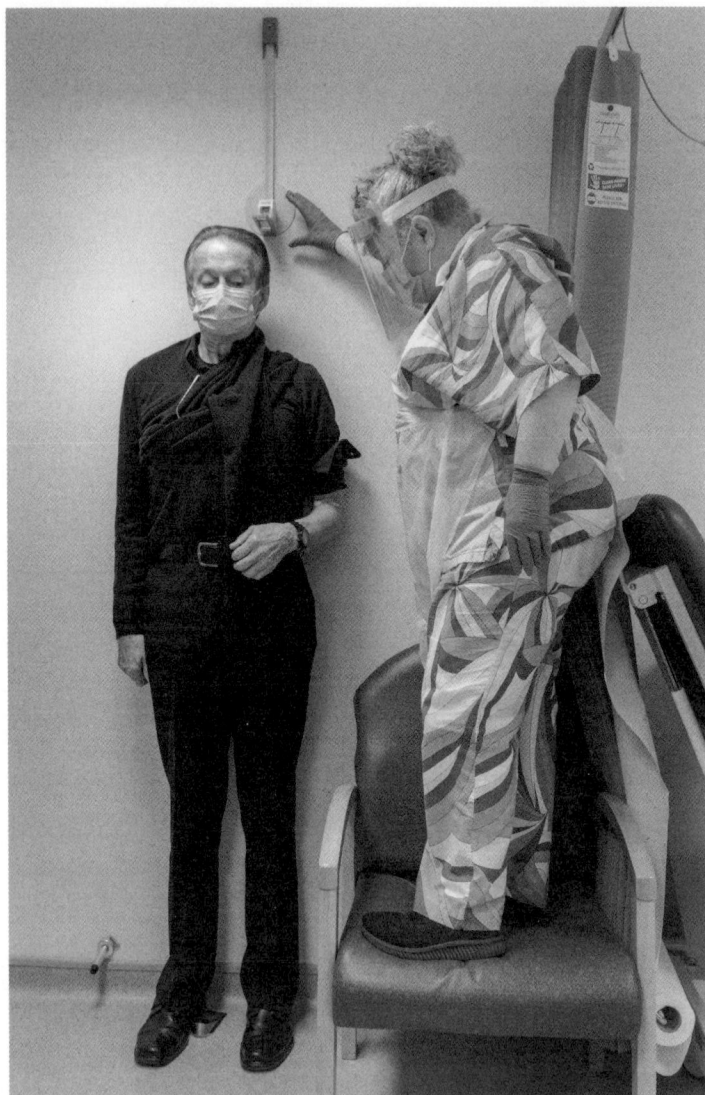

Al teléfono la voz del hombre sonaba ligera, juvenil.
Aparentaba ser más joven que la edad que figuraba en la

pantalla que tenía delante y se le notaba aliviado de que la doctora lo estuviera atendiendo, aunque no paraba de pedirle perdón por quitarle tiempo, como si todo lo que le sucedía fuera culpa suya. Ella le había llamado el mismo día en que su prueba dio positivo, hacía más de una semana y, desde entonces, lo hacía cada dos días. «Sólo para ver cómo te encuentras», le decía, «qué tal vas». Para ser sincero, se alegraba de hablar con alguien. Su novia estaba encerrada en el salón de abajo, le contó, «guardando la distancia de seguridad». «Bien», dijo la doctora, «bien hecho». De vez en cuando le dejaba una lasaña calentada en el microondas al lado de la puerta del dormitorio o charlaban un par de minutos, él medio escondido detrás de la puerta y ella fuera de su vista, al pie de la escalera. En realidad, él no quería ni ver la comida, «ni siquiera la tele». Acababa de acostarse. Estaba adormilado. «Como si me hubieran pegado una paliza». Fiebre alta. Escalofríos, temblores, frío glacial, calor abrasador, frío glacial otra vez. «Aunque eso ya te lo había contado», dijo, «perdona».

La doctora le preguntó por la tos, si seguía con ella. «No mucha», contestó él. ¿Y la disnea? «No, ahora respiro bien». Después le pidió que le leyera un par de párrafos de cualquier libro o periódico que tuviera a mano, sólo para comprobar su respiración. El hombre leyó una reseña del Corvette 2019 ZR1 de una revista de coches que tenía al lado de la cama, pronunciando frases enteras sobre su «rendimiento de monstruosa potencia», «motor V8 delantero» y «alerón opcional de fibra de carbono». «Igual que mi coche», comentó con tono inexpresivo.

Quizá esta nueva herramienta para que los médicos de cabecera detecten dificultades respiratorias no sea medicina de vanguardia, pero en ese momento le valía con que su paciente no se hubiera quedado a medias de una frase para tragar aire, como les había sucedido a otros a quienes, justo después, les había mandado una ambulancia.

—Sigue bebiendo, ¿quieres? —le aconsejó la médica—. Montones de líquidos. Parece que estás haciendo todo lo que debes. Probablemente ya te estés recuperando, pero, mira, estoy preocupada, sólo un poquito, por los rigores de tus síntomas. Llevas muchos días con escalofríos. En realidad, me gustaría que vinieras aquí para descartar los antibióticos. Sólo para asegurarnos de que no tienes una infección bacteriana en el pecho además de la COVID. ¿Qué te parece? ¿Te ves con fuerzas?

—No hay problema, doctora —contestó. Necesitaría vestirse, no tardaría mucho. Aunque estaba a tres minutos a pie, no quería cruzarse con los vecinos—. Son mayores, a ambos lados de nuestra casa —le explicó, así que se acercaría en coche.

Al cabo de media hora, un destartalado utilitario azul entra en el aparcamiento, vacío. Llama por teléfono a recepción desde el coche y espera a que la doctora, vestida de combate, salga. Es un hombre corpulento de unos treinta años al que no le pegan nada ni su aguda voz ni su diminuto coche. Ella le da las gracias por venir, le entrega una mascarilla, le echa un chorro de desinfectante en las manos, extendidas, y le ordena: «Sígueme». Pasan de largo los escalones de la entrada y dan un rodeo en dirección a la parte trasera del edificio; atraviesan la alta puerta de madera del patio trasero, caminan junto a una hilera de tomateras que crecen en unas bolsas de cultivo regaladas por un paciente agradecido, pasan por delante de la puerta de cristal de la cocina del personal —«Ya casi estamos», advierte la médica— y siguen hasta una puerta cortafuegos. Ella se da cuenta de lo despacio que se mueve él. Se detiene dos veces: primero para descansar la mano en una jamba; luego para apoyar el hombro en la pared del consultorio. «Lo siento, doctora», dice. «Disculpa, ya voy». La médica, convencida de que tiene una infección, se pregunta si hay que ingresarlo. Quizá la COVID lo haya dejado agotado o tal vez esté deshidratado o le haya bajado la tensión. «No hay ninguna prisa», le dice, y sonríe inútilmente detrás de su doble mascarilla. «Procura no tocar nada una vez que estemos dentro. Yo abriré las puertas».

La «sala COVID», como la llaman ahora, tiene dos ventanitas desde las que se ven un espeso seto y un banco cubierto de hierba. Las lamas de las persianas verticales se estremecen con la brisa y proyectan carcelarias rayas de débil luz solar sobre un estrecho sofá colocado austeramente en el centro de la sala. Al lado hay dos sillas de plástico y, atornillado al techo justo encima, el brazo mecánico articulado de una lámpara de exploración médica. La superficie de trabajo que recorre toda la longitud de una pared y que solía estar llena de suministros médicos está ahora vacía, salvo por una balda con toallitas desinfectantes, dos cubos para objetos punzantes y una caja de guantes de látex. Fuera, un diminuto reyezuelo canta a pleno pulmón. Su gorjeo semeja la chirriante rueda de un carrito de hospital.

El hombre se arrellana en una de las sillas y observa a la doctora, con ese atuendo, mientras ella le toma la temperatura. Le dice que es bastante alta. «Sí, no me encuentro muy bien, pero tú sí que debes de estar asándote ahí dentro». «Ahora vamos con la saturación de oxígeno». Después de auscultarle, decidirá cuál es el mejor plan de acción. Le desliza el pulsioxímetro en el dedo. La saturación normal de oxígeno en sangre está entre el noventa y cinco y el cien por cien; cualquier cosa por debajo de eso es motivo de preocupación, menos del noventa y dos por ciento es una emergencia.

La doctora comprueba la lectura. Cincuenta y ocho por ciento. Seguro que el aparato no funciona bien. Lo intenta con otro dedo. Cincuenta y ocho por ciento. Le frota la yema del dedo con sus dedos enguantados para calentarlo y hace un nuevo intento. Cincuenta y ocho por ciento. «Creo que este aparato no funciona», protesta. Prueba con su propio dedo. Noventa y nueve por ciento. «Mierda».

Hace unas semanas leyó un artículo sobre este tema. Hipoxemia silenciosa. Algunos médicos la llaman «hipoxia feliz». Es una de las infernales singularidades de la COVID-19 que detectaron los médicos de primera línea al comienzo de la pandemia. Técnicamente se trata de que el oxígeno en sangre de un paciente cae en picado (hipoxemia) sin signo externo de dificultad respiratoria, sin disnea, sin necesidad de aire en absoluto. Son casos en los que el enfermo está charlando con el médico o leyendo una revista, sin molestias y, al instante, están muertos.

Una oleada de adrenalina recorre su cuerpo. El hombre podría morirse allí mismo. Al otro lado de la ventana, continúa el trino del reyezuelo, que parece un restallido más propio de un silbato para perros, y el tiempo se extiende en invisibles filamentos de un segundo, cada uno estirado hasta convertirse en una telaraña en su mente.

La doctora coge el respirador de oxígeno y le aparta la mascarilla de la cara susurrando unas palabras tranquilizadoras. Con estudiada calma, pide a su colega de recepción que llame al 999; le explica qué detalles ha de dar a quien la atienda: cincuenta y ocho por ciento. Es muy importante que ni ella ni el paciente capten el menor asomo de su miedo. Todo está bajo control, todo va bien, no estamos haciendo nada raro, la ambulancia está de camino. Él pregunta si necesita coger algo de casa. «No», le responde, «es mejor que te quedes quieto. Allí tendrás cuanto necesites».

El hombre ingresa en cuidados intensivos, donde permanece varios días. Al final, sobrevive, pero este episodio obsesiona a la médica durante semanas. No puede pasar al lado del coche utilitario azul, aún en el aparcamiento, sin sentir un escalofrío. Lejos de ser un caso en el que atribuya a una corazonada el haber salido del apuro, se trata de uno en el que la propia ausencia de cualquier presentimiento real por su parte la alarma profundamente. ¿Cómo no se dio cuenta? ¿Qué fue lo que se le escapó?

Seguro que pasó algo por alto, alguna señal, una respiración entrecortada. No tenía ninguna razón de peso para verlo en persona, hasta había estado a punto de no llamarle. En su opinión, ni siquiera merecía una visita a domicilio y, por las mismas, podría haberlo dejado donde estaba. Podría haberse ido a la cama y morir mientras su novia veía la televisión en la planta de abajo.

Más de una vez, vuelve a escuchar la grabación de su última consulta telefónica (las llamadas se graban para fines de supervisión y formación). Se pone los auriculares y sube el volumen al máximo abrigando la esperanza de detectar, en el relato del Corvette, alguna pista mortal que no salte a la vista, una inhalación o vacilación que no percibió en su momento por haber estado demasiado ocupada y distraída. De ese modo, al menos aprendería algo, mejoraría, reconocería un error que no quiere volver a cometer. Un recordatorio de su propia falibilidad sería más fácil de manejar que la verdad de *Alicia en el País de las Maravillas*: que si tuviera que escuchar a ese hombre recitar las virtudes del supercoche norteamericano mil veces, emitiría exactamente el mismo juicio cada una de ellas.

No sabe muy bien qué hacer con este conocimiento. La atormenta. Sus colegas dicen, con cierta exasperación: «Al menos al final acertó, ¿no? El hombre vino y está vivo». Pero ¿quién quiere un médico que se limita a cruzar los dedos y a esperar lo mejor? Un médico precavido, sí, un médico preocupado, eso es un buen médico. Y sigue dándole vueltas.

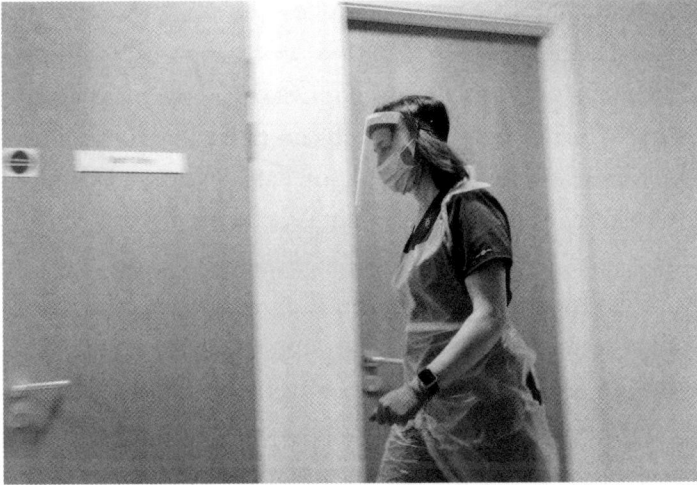

Mirar al cielo en el valle es leer otra historia sobre este lugar. Este año, es la mejor vía de escape. En las cálidas tardes de verano, los escuadrones de vencejos sobrevuelan los tejados de las viejas casas junto al río dibujando círculos espirográficos en el gorjeante aire. En lo más crudo del invierno, la atmósfera juega malas pasadas: la ladera de enfrente aparece tan nítida y cercana que uno cree que podría alargar la mano y tocar los árboles, y en cuestión de segundos se ve tan distante que se convierte en un lugar remoto en el tiempo, apenas recordado. Un día luminoso en pleno otoño derrama su lluvia de luz en las copas de los árboles, como si se hubiera levantado un gran techo de vidrio sobre el bosque para protegerlo del invierno que se avecina. O, si una tarde de finales de primavera uno se tumba boca arriba en un prado, el azul de las alturas se divide equitativamente entre mariposas que

215

pasan rozándole la nariz y rapaces que surcan las corrientes ascendentes de aire. Normalmente, lejos, mucho más arriba, los vectores de los aviones de pasajeros juegan a gran altitud al tres en raya, pero no este año. Durante muchos meses, las estelas de vapor han desaparecido y han devuelto el cielo a los aeronautas de la naturaleza.

En gran parte del país, la pandemia ha estado marcada por unas luces azules parpadeantes a través de las cortinas a altas horas de la madrugada, bancos de unidades refrigeradas en los recintos hospitalarios como lúgubres carpas de boda para los muertos, calles vacías, tiendas tapiadas, letreros luminosos en las autopistas que advertían: quédate en casa. Pero aquí la naturaleza, ajena a lo que ocurría, guardó la calma y perseveró. Aparte de la desaparición de las estelas de los aviones y de la escasez de excursionistas en los meses más cálidos, el paisaje se ve, huele, suena y se siente como de costumbre; hace lo mismo de siempre. Al igual que otros residentes del valle, la doctora encuentra consuelo en saber que todo eso ya existía antes y que existirá mucho después de que la crisis haya pasado. A veces ayuda que nos recuerden lo pequeños, lo intrascendentes que somos.

Si el SARS-CoV-2 consigue imprimir la mugrienta huella de su pulgar en el valle es a través de las ausencias. Se acabaron las noches de cine en el salón del pueblo o el pilates con Debs los martes. Se acabaron los encuentros improvisados en la sala de espera de la doctora o tomando sidra y cacahuetes en el pub. Se acabaron los mercados de los sábados donde vender *curry* y mermeladas, los grupos

216

de padres y niños pequeños en los columpios, las sesiones de Open Mic Comedy, los paseos para ver árboles extraordinarios, los talleres para aprender a tejer con materiales reciclados o de Ecstatic Awakening Dance. Se acabaron las carreras de balsas, las ferias de primavera, el críquet en el pueblo, la Noche de las Hogueras, la Santa Fun Run. Se acabaron el club del pudin, el club del libro, el club de corredores. Se acabó el pasarse por casa de alguien o el dejarse caer en cualquier lugar, se acabaron las miles de formas en que se reúne la gente del valle, visiblemente ausentes en las fotografías de este libro, todas tomadas durante la pandemia.

Las otras ausencias son aún más profundas, por supuesto: familias separadas, seres queridos perdidos y duelos. Y resulta que los árboles y el cielo también tienen un lenguaje para esto. Compruébelo. Mire hacia las ramas de un bosque, mire más allá de la fronda en busca de lo que no está, de los intersticios, y se sentirá atraído por ese espacio negativo. En invierno, un etéreo mosaico, que sobrepasa con creces los más exquisitos pavimentos del mundo antiguo, se despliega en las alturas: una compleja geometría de cristal azul o mármol lechoso o plomo ahumado enmarcada por oscuras ramas. Cuando llega el verano y las hojas de los árboles están en su esplendor, este mosaico se contrae hasta convertirse en un firmamento de diminutas estrellas, pespuntes de cielo en innumerables constelaciones que se mecen y refulgen con la brisa. Sea verano o invierno, este rutilante paisaje celeste es el más subjetivo de todos los parajes boscosos, pues reside únicamente en el ojo del observador. Desplácese a la izquierda o a la derecha, inclínese hacia atrás, ladéese, y el mosaico cambiará, las estrellas se reconfigurarán. No es tan diferente de la experiencia humana de la pérdida: singular, desasosegante, imposible de compartir, cuando lo único que se distingue son esos espacios intermedios vacíos.

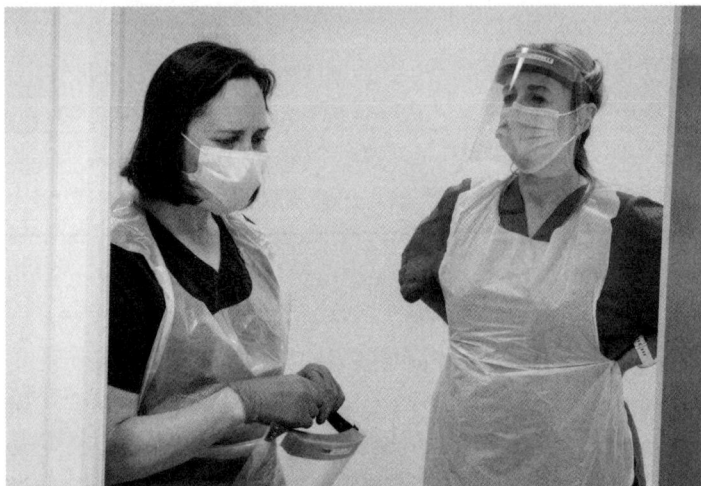

El hombre, ya mayor, estaba empapado hasta los huesos. La ropa mojada se le ceñía a su enjuto cuerpo y le confería una apariencia aún más delgada, algo vulnerable, como si lo hubiera pillado por sorpresa. Tenía una cita rutinaria con la doctora para actualizar su medicación y que le revisara la tensión arterial. Su mujer lo llevó en coche y, siguiendo la costumbre de su largo matrimonio, él se bajó del vehículo para verla aparcar en un estrecho espacio junto a la consulta. Acto seguido, aquella desapacible mañana de febrero hizo de las suyas. La doctora, asomada a la ventana, vio al hombre de pie, muy quieto, observando el coche mientras llovía.

«Insistió», dijo su mujer riendo mientras subían por el pasillo hasta la consulta, «a pesar de este tiempo de perros. Le dije que podía aparcar perfectamente, pero es de los que no aceptan un no por respuesta, ¿verdad?». Él sonrió y asintió; luego sacudió su pelo cano despidiendo un arco de gotas de lluvia que acabó en los hombros de su chaqueta.

Una vez sentado, la médica le preguntó cómo se estaba adaptando a sus nuevas pastillas para la tensión. ¿Le producían mareos o se le hinchaban los tobillos? Él la miraba sin responder. Había una extraña vacuidad tras sus grises ojos, casi como si se hubiera dirigido a él en un idioma que no entendía. A la doctora se le pasó por la cabeza que estuviera sufriendo un leve derrame cerebral, y entonces su mujer se inclinó, le zarandeó suavemente la rodilla y el marido volvió de repente a la habitación.

«Lo siento», se disculpó, «es que siempre he querido decir "¿Qué me pasa, doctora?", e iba a hacerlo hoy, pero me ha faltado valor». Los tres se rieron y el hombre imitó a Bugs Bunny con una zanahoria invisible. La médica atribuyó esto a una simpática excentricidad y no le dio más vueltas. En los dos años siguientes, cuando aquel paciente desarrolló la enfermedad de Alzheimer, al recordar aquella húmeda mañana de febrero, se percató de que había sido una de las primeras señales.

El alzhéimer está causado por una acumulación de proteínas tanto en el interior como alrededor de las células del cerebro, lo cual da lugar a obstrucciones y marañas en la propia sede del yo. La enfermedad es difícil de identificar en sus fases tempranas e incurable con el paso del tiempo. A medida que se suceden los meses y los años, el flujo de neurotransmisores, el sistema de señalización interno del cerebro, se interrumpe y algunas partes de éste empiezan a atrofiarse. La memoria y las excentricidades afectan al juicio, al estado de ánimo y al comportamiento, a la visión, al lenguaje y al movimiento y, en última instancia, a las funciones corporales más básicas. Cada enfermedad tiene una crueldad singular. La del alzhéimer consiste en la forma en que destroza a la persona y sus vínculos, en que desmonta el alma humana como si fuera un rompecabezas, pieza a pieza. «No es él / ella; es la enfermedad», dirá la gente a maridos, esposas e hijos al final de su vida, cuando empieza a volverse muy difícil cuidar a un ser querido que la padece. Es una frase que ofrece poco consuelo, ya que es la esencia misma de la pérdida.

La esposa de este hombre sobrellevó el deterioro cognitivo de su marido de forma admirable muchos meses. En ese periodo la doctora iba a verlos con frecuencia y se sintió conmovida por su dedicación mutua. «Crecí durante la guerra», le contó ella un día, «así que estoy acostumbrada a salir adelante. No hay nada heroico en ello. Una simplemente hace lo que tiene que hacer». En los raros momentos de lucidez, que desaparecían con la misma rapidez que los cambios meteorológicos, su marido repetía lo agradecido que le estaba por ayudarle «con todas las pequeñas cosas», lo culpable que se sentía por los problemas que le estaba causando, «porque ella no tendría por qué hacerlo. Estoy avergonzado por el trabajo que le estoy dando».

Con el paso del tiempo, la mujer, siempre arreglada de un modo práctico y sencillo, comenzó a presentarse en la consulta con la ropa arrugada, delgada, con los ojos hinchados y el pelo abierto y aplastado por detrás, como si se hubiera levantado de la cama y se hubiera consagrado a sus quehaceres sin detenerse en algo tan trivial como un peine. Aun siendo poco dada a mostrar sus emociones, en una cita reciente se le habían saltado las lágrimas. A la médica no le había pasado desapercibido y estaba preocupada por ella.

«Está absolutamente agotada», le susurró una vecina del matrimonio que un día siguió a la doctora hasta su coche, aparcado junto a la tienda del pueblo. «Tiene que intervenir. No puede seguir así. Tiende la colada cuatro o cinco veces al día. Debe de haber algo que usted pueda hacer».

Enseguida comprendió los mensajes codificados de aquellas palabras. Por la esposa, ella ya sabía de la incontinencia del paciente, y la experiencia le decía que a menudo es la horrible gota que colma el vaso y que hace que una familia pase de poder hacer frente al alzhéimer en casa a, de repente, ser incapaz de sobrellevarlo. También comprendió lo que aquella exhortación murmurada junto al maletero de su coche un sábado por la tarde significaba en realidad: «Tiene que mandarlo a una residencia geriátrica». Sin embargo, ésa no era —ni es nunca— una decisión que le correspondiera tomar. A veces se maravilla de las ideas extravagantes de la gente en cuanto al alcance de su poder.

«Gracias», contestó. «Es de gran ayuda que me lo haya dicho. Como es natural, yo no puedo hablar con usted de este tema, debido a la confidencialidad, pero usted sí que puede hablar conmigo. Lo tendré en cuenta y se lo agradezco».

La doctora sabe que las personas suelen malinterpretar la capacidad mental, tanto los propios pacientes como los amigos y familiares bienintencionados. De hecho, la cuestión de si uno tiene capacidad o no es mucho más espinosa de lo que muchos creen, pues no sólo fluctúa de un día para otro, incluso de la mañana a la tarde, sino que, además, a ojos de la ley, depende de cada decisión concreta. Puede que usted no sea capaz de tomar un tipo de decisión, pero eso no significa que no sea capaz de tomar ninguna. Se trata de una responsabilidad que se toma muy en serio: su deber de buscar de algún modo esas islas de capacidad en nombre de sus pacientes, que, de lo contrario, quedarían a la deriva en mar abierto. Si uno de ellos puede comprender la naturaleza de una decisión, le corresponde a él tomarla, ya sea de un modo sensato o imprudente. No hay que abandonar el libre albedrío sólo porque uno se encuentre mal. Esto es un factor clave para determinar la dinámica y, quizá más crucial, las limitaciones del poder de intervención de un profesional.

En este caso, sabe que tanto el hombre como su esposa desean permanecer, mientras puedan, bajo el mismo techo de pizarra, en un bosquecillo de hayas a las afueras del pueblo, su hogar durante sus cincuenta años de matrimonio. Aunque son demasiado reservados para expresarlo en voz alta, a todas luces ambos consideran que esa alternativa es el final del camino. Tomar una determinación a causa de la ropa sucia sería precipitarse; con todo, la doctora no puede evitar preocuparse al imaginar que la mujer enferme o sufra una caída... ¿Qué sucedería entonces con su marido? Aun así, no dice una palabra de todo esto a la preocupada vecina, que revolotea a su alrededor fuera de la tienda. Reiterando su agradecimiento, carga su compra en el maletero del coche y se bate en retirada.

En los primeros meses de la pandemia de COVID el hombre se cae en casa y lo ingresan con una fractura de cadera. A su mujer no se le permite visitarlo en planta y a raíz de ese episodio el deterioro cognitivo se acelera. Es algo muy habitual entre los pacientes con demencia que están en un hospital y más aún en esos terribles días, en los que se corta la cadena que los ancla a su identidad. Al cabo de unas semanas, la médica recibe una carta de alta. En ella se advierte que, debido a la reducida movilidad del enfermo y a su estado mental, es peligroso que vuelva a casa. El libre albedrío termina aquí. Se organiza su ingreso en un geriátrico; no en el que hay al lado de la cascada al principio del valle, del que su doctora de siempre es la médica de cabecera, sino en otro de un pueblo cercano. Lo más probable es que la doctora no vuelva a verlo.

En tiempos normales —expresión que emplea para diferenciarlos de los que corren ahora— la doctora habría concertado una cita para comentarlo con la esposa. Habrían hablado cara a cara. Tal vez le habría pasado la caja de pañuelos que tiene encima de la mesa, le habría cogido la mano, le habría demostrado que comprendía lo mucho que se había esforzado durante tanto tiempo. Pero como no son «tiempos normales», la doctora la llama por teléfono.

«Sólo se me permite verlo media hora una vez a la semana», dice ella, «a través de una pantalla de plástico. Ya no me reconoce. No sabe quién soy. Se lo digo, pero lo olvida dos segundos después. Tampoco reconoce a nuestra hija. Alguien me preguntó el otro día, una amable señora del pueblo, si estaba aliviada, y por más que lo intenté no se me ocurrió en qué sentido debería sentirme aliviada. Porque él estaba a salvo aquí», dijo, «o ¿acaso no lo estaba? No lo sé. Si le soy sincera, doctora, no estoy segura de cómo llenar mi tiempo. Ayer por la tarde me sorprendí viendo la televisión. Pero les estoy agradecida, mucho, de que al menos me dejaran acompañarlo. Son muy amables, pues ahora les toca a ellos hacer todas esas coladas y no a mí. Las coladas. Un montón de limpieza. Sí, es un cambio, pero al final te las apañas, supongo».

La conversación con la esposa del hombre con alzhéimer es la primera de una mañana de consultas no presenciales. La jornada laboral ha comenzado una hora antes, como siempre, con los resultados de las analíticas de sangre de la noche anterior, las cartas del hospital y ahora, por supuesto, las pruebas positivas de COVID. Cuatro esta mañana. Los llamará a todos. Es la única facultativa que trabaja hoy, en ambos ambulatorios, así que está en lo que ella llama «modo supervivencia».

En el escritorio, a su lado, hay una taza de medio litro de té suave. El amor por las infusiones fuertes se le quitó con la llegada de sus hijos, así que ahora se limita a poner una bolsita de té en el agua y a ser generosa con la leche. Lo bebe a sorbos, mientras dicta las notas de la visita a domicilio que le hizo anoche a un paciente agonizante. «Visita a las 21 sáb incorporado en la cama alerta punto.

Tensión arterial 142 sobre 80 coma frecuencia cardiaca 82 coma saturación de oxígeno 94 coma temperatura 36,1 punto. Distensión abdominal punto. Normalmente ingresaría en hospital en este estado punto. Paciente no quiere ir al hospital en el clima actual punto. Consciente de que hay un tratamiento para mitigar los síntomas en el hospital coma algo quizá imposible en casa punto. Le adelanté el plan de cuidados punto. El paciente prefiere no pensar en eso hasta una crisis punto. La esposa quiere lo que diga el paciente».

Empezó a utilizar este *software* hace varios años. Ahorra algo de tiempo en comparación con escribir las notas, aunque siempre hay que releerlo todo, en especial porque el programa parece ruborizarse ante el vocabulario más delicado. No le plantean problemas palabras como «proclorperazina», pero «ano» lo transcribe sistemáticamente como «año», y la semana pasada, cambió «eyacular» por «ocular». A veces cree que la función más útil de esta tecnología es arrancarle una sonrisa en los días grises.

Las consultas telefónicas se suceden. La doctora lleva unos auriculares conectados a un dispositivo para descolgar el teléfono que tiene encima del escritorio. En algunos momentos tiene la impresión de que trabaja en una centralita de atención al cliente. No es así como se imaginaba la vida de una médica rural. Las fotografías de *Un hombre afortunado* en las que Sassall aparece con chaqueta de pana y corbata no podrían resultarle más remotas en días como éste, pero la médica vuelve a pensar en lo que la esposa del paciente de alzhéimer le ha dicho: «Una simplemente hace lo que tiene que hacer». Abre la línea a la siguiente llamada y con ella al resto de la mañana.

Una mujer preocupada por sus menstruaciones irregulares dedica gran parte de la conversación a contarle que en el supermercado la han acusado de hacer acopio. Tiene tres hijos y ahora están con ella también los de su hermana, que está pasando las noches en el hospital donde trabaja de enfermera oncológica para minimizar el riesgo de transmitir el virus a sus pacientes. Así que le toca comprar para ocho personas. Llena un carrito, se sienta en el coche durante media hora y vuelta a empezar. «¿No podría escribirme una carta para demostrarles a los del súper que no miento?», le pregunta.

Un joven alicaído con dificultades para dormir tiene la paranoia de que su novia se acuesta con todo el mundo. La médica, que lo conoce bien, adoptando un tono maternal, le dice que la marihuana no ayuda a su salud mental. «¿Cómo la consigues a pesar del confinamiento?». «Ah, no es un problema», contesta él, «porque para los traficantes no hay ERTE, así que, ya ves, tienen que apañárselas».

La siguiente es una llamada a su firme aliada, la enfermera local de cuidados paliativos, que le habla del hombre al que visitó anoche. «No quiere ir al hospital. ¿Puede pasar a verlo? Su esposa está agotada. No pega ojo».

Y una conversación con la enfermera jefe de la residencia de ancianos sobre la planificación anticipada de la atención para una paciente muy antigua de quien se sospecha que ha sufrido un derrame cerebral por la noche.

227

Se trata de una paciente complicada que, mucho antes de ingresar en la residencia, cuando su mente todavía estaba sana, manifestaba una profunda aversión al hospital. La doctora la conoce desde que llegó aquí hace veinte años. Al principio la visitaba en su pequeña finca, a la que se accedía por un camino lleno de baches entre dos pastos lecheros en la parte alta del valle. La mujer vivía sola con diversos animales malhumorados: un ganso que se lanzaba a por las espinillas de la médica, tres o cuatro gatos sarnosos que le arañaban el bolso y un burro que no dejaba de rebuznar en señal de protesta hasta que no abandonaba la propiedad. En cada ocasión, la mujer se negó, en los términos más tajantes, a cualquier derivación al hospital, ya fuera para explorar los síntomas de un presunto cáncer de intestino o la súbita pérdida de visión de un ojo. Ni siquiera la persuasiva pregunta de la doctora sobre qué sería de los animales si le ocurriera algo supuso la menor diferencia. Su antipatía por cualquier forma de autoridad, incluida la de los especialistas médicos, estaba bien arraigada. Toleraba a la joven doctora sólo porque aceptaba hacer consultas a domicilio, «no era una estirada» y le gustaban los animales. Pero, al final, su precaria situación se vino abajo. Los graves problemas de memoria, las úlceras en las piernas, una intervención de los servicios sociales y un intento desastroso de cuidados a domicilio... Todo ello la condujo a la residencia. Ahora habita en un mundo crepuscular que no le gusta en absoluto. Así pues, le explica a la enfermera los antecedentes del caso y el conjunto de pruebas documentadas que demuestran que la mujer no desea que la ingresen. Sí, está segura, nunca ha estado más segura de lo que quiere una paciente; sí, hablará con la trabajadora social.

Media mañana. La doctora echa un vistazo a su reloj, descuelga el teléfono y marca a toda velocidad. Nadie contesta. Un suspiro y vuelve a intentarlo. Y otra vez. Y otra. Alguien lo coge. «Hay que ver lo que te cuesta coger el teléfono», dice. «¿Podrías, por favor, sacar los platos limpios del lavavajillas, meter los sucios y colgar el equipo de kayak antes de hacer cualquier otra cosa? Papá volverá a media tarde».

Acto seguido, hace otra llamada y cambia el tono por uno cálido y comprensivo no siempre eficaz con los hijos adolescentes pero esencial para los pacientes. Le toca hablar con una abogada de treinta y muchos años cuyos síntomas de COVID persistente son la encarnación de los más oscuros temores de la doctora de contraer el virus. Estos casos le hielan la sangre. La mujer consigue a duras penas trabajar, y, en cuanto termina su jornada laboral, se va directa a la cama. Solía hacer triatlones, ahora, sin embargo, no puede caminar más de diez minutos sin quedarse sin aliento. «Y, aunque es posible que usted no lo note, doctora, tengo el cerebro embotado, como si el mero hecho de pensar me supusiera un enorme esfuerzo. Me las apaño, pero mi vida es muy diferente a la de antes...».

A continuación es el turno de cuatro pacientes consecutivos con síntomas de ansiedad y depresión, algo que aparece en su lista de citas con mayor frecuencia a medida que avanza el año: un hombre confinado en su casa con su difícil padre; una adolescente cuyos progenitores son tan estrictos con el distanciamiento social que su novio la ha dejado; una mujer cuyo matrimonio se tambalea y un anciano que no soporta la soledad. Dos de ellos dicen haber tenido pensamientos suicidas. Todos muestran los primeros síntomas de enfermedades mentales. También tiene casos de celulitis, un testículo inflamado, una nueva aparición de disnea, mareos, dolor lumbar, un brote de artritis reumatoide, un paciente nuevo con la tensión arterial alta y uno antiguo con bursitis de codo. Consultas, todas ellas, que se desarrollan por teléfono.

La mañana termina con una única presencial. Una madre trae a su hija de seis años, la mayor de dos hermanas; la otra, de pie, solemne y obediente, espera junto a la puerta de la consulta.

—En realidad es culpa mía —dice la madre.

Cuenta que estaba sentada al ordenador intentando trabajar y las niñas jugaban arriba. Encontraron los bastoncillos de algodón y decidieron disfrazarse de monstruos metiéndose dos en cada fosa nasal, uno en cada oreja y varios en la boca.

—Las oí chillar, pero no sabía lo que pasaba —relata, abatida. La más pequeña le tapó a su hermana los oídos con las manos, lo que provocó que uno de los bastoncillos se le clavara hasta el fondo en el oído, que ahora le sangraba. Una mirada con su otoscopio al desgarrado borde donde debería haber estado la membrana timpánica y la doctora deriva a la niña al otorrino del hospital.

—Me temo que tendrán que ponerle un tímpano nuevo.

La madre suelta un quejido.

—En mi casa tenemos prohibidos los bastoncillos de algodón —dice la doctora—. Los odio. Causan infinidad de problemas en los oídos, y no sólo si se juega a los monstruos. Pero ¿sabe qué?, a mi marido le encantan. Los compra y los esconde en su mochila. Les pide a mis hijos: «No se lo digáis a vuestra madre».

La mañana, que empezó tan sombría, termina con dos mujeres, dos madres, riendo juntas, mientras dos niñas cariacontecidas las observan.

Cuando las hojas se rizan y comienzan a caer semejando una tormenta de nieve dorada, roja y marrón, a la doctora le queda claro que la cosa va para largo. Los casos de COVID están aumentando otra vez. Se habla de nuevos confinamientos. Cunde el agotamiento, tanto físico como emocional. Hay más quejas de los pacientes, nada grave, pero los ánimos se van crispando. El valiente espíritu del Blitz[3] —que hace unos meses sacó a algunas mujeres del pueblo engalanadas con trajes floreados

---

[3] En el Reino Unido, la expresión *Blitz Spirit* hace referencia al estoicismo y arrojo, la capacidad de sacar lo mejor de sí mismo y superar las adversidades, que —supuestamente— refleja el estado de ánimo de la población durante el bombardeo de Londres en 1940. Lo cierto es que numerosos historiadores desmienten que fuese así; antes bien, al parecer, los líderes en tiempos de guerra disfrazaron la terrible realidad con historias de determinación británica. (N. de las E.).

con el objetivo de colgar banderines del Día de la Victoria en los setos para sustituir la habitual fiesta callejera— está menguando. Ahora esas mismas personas miran con desconfianza a cualquier rostro desconocido que encuentran en las callejuelas, le preguntan qué hace ahí, si acaso está permitido. Alguien cuelga una foto en el grupo de WhatsApp del pueblo de un llamativo coche, sospechosamente limpio, que está aparcado cerca del puente. «¿Alguien sabe de quién es?». Durante sucesivos sábados, bastante alegres, se organizan puntos de vacunación contra la gripe, y es una bendición ver a los pacientes al fin, pero a la doctora le preocupa que el equipo del consultorio esté agotado. Todos lo están. Entonces llegan noticias de la vacuna contra la COVID. Está en camino, funciona, un científico de Oxford ha dicho en la radio que «debería llegar en primavera». Tras una ráfaga de esperanza en el corazón de la médica, viene un golpe sordo de ansiedad por la logística, por todo lo que tiene que pasar y podría pasar de aquí hasta entonces.

No duerme bien. Siempre ha dicho que sus años de médica residente la dotaron de una capacidad casi sobrehumana para dormirse en menos de dos minutos y despertarse lista para ponerse en marcha cuando fuera necesario. Ya no. No es el malsano pavor de los primeros meses de la pandemia. Se ha vuelto impermeable a eso. Pero sabe que, a pesar de una mayor confianza en la eficacia de los EPP, la situación en general es tan preocupante como al inicio. A menudo el miedo la embarga en las horas en que debería estar durmiendo.

La semana anterior, al final de una jornada de trece horas, cuando le quedaba algo más de un kilómetro para llegar a su casa, se encontró con que la única carretera que conduce hasta allí estaba cortada por culpa de un árbol caído, un enorme tronco verde de musgo y las ramas extendidas por el asfalto. Su marido la rescató, la recogió con su coche, condujo marcha atrás el de ella unos ochocientos metros a oscuras y regresó con una motosierra para despejar el camino, pero a ella aquello le crispó los nervios y la desveló. Cuando las agujas del reloj marcan la una, las dos y las tres, ella, despierta, oye el viento agitar cada árbol en kilómetros a la redonda. La hondonada del valle amplifica los sonidos, el ulular del roble y el fresno que crecen junto a su casa, al que se suma un coro de cientos de miles de hojas, todas agonizantes y silbando a pleno pulmón. Suena como el mar. La doctora describe los pensamientos que la asaltan a altas horas de la madrugada como «gusanos del oído», pero en realidad el rumor pertenece al bosque. Lo que atormenta su mente se asemeja más a las noticias de la televisión: vídeos de multitudes agolpadas en los trenes o haciendo cola el día de paga en uno de los vastos emporios económicos de la ciudad. «Lo que odio», piensa, «de esta enfermedad es que se ensaña más con la gente que no goza de una posición acomodada o con las personas mayores y vulnerables». A su alrededor, el bosque ruge.

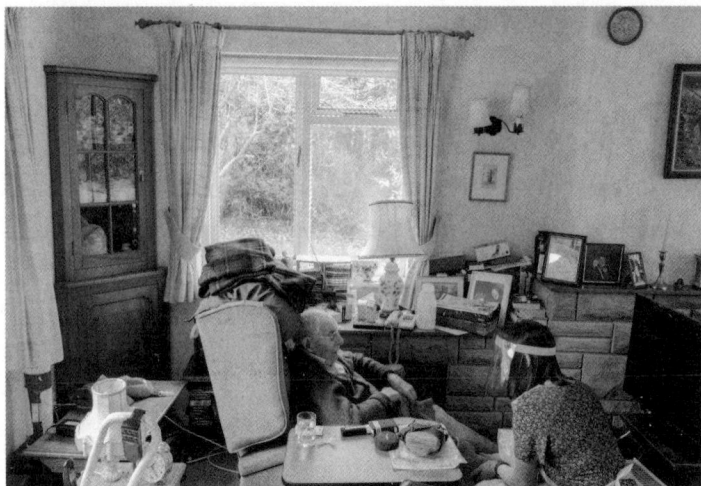

¿Puede una morirse si se le rompe el corazón? He oído que sí. ¿Es posible?». La voz de la anciana es nítida, precisa. Suena como una locutora de radio de antaño. A veces la tristeza mata, sí, reconoce la doctora, pero no siempre, ni mucho menos. La llama por su nombre de pila. Si estuvieran en la misma estancia, le cogería la mano. La doctora desde luego sabe que, en uniones de larga duración, de muchas décadas, las probabilidades de que uno muera a lo largo de los doce meses siguientes al falleci-miento de su pareja son considerables. Se han producido casos de insuficiencia cardiaca o infarto. O personas que dejan de cuidarse, de comer lo suficiente, de ver a gen-te, y cuya salud decae precipitadamente. Pero ¿se debe a que tienen el corazón roto? No lo sabe. Es muy comple-jo de desentrañar y una pregunta imposible de respon-der a una paciente en su primer arrebato de dolor.

La médica las conoce desde hace veinte años. Al principio, apenas se pasaban por la consulta y no reparó en que eran pareja en absoluto. Solía verlas paseando por las amplias pistas forestales en lo alto del valle, y aunque una iba siempre varios pasos por delante de la otra, el spaniel que iba de una a otra las delataba. Las tomó por amigas o tal vez por un par de hermanas ancianas dadas a pequeñas riñas. Sin embargo, a medida que fueron envejeciendo y necesitando atención médica con más frecuencia, comprendió que llevaban viviendo juntas y felices más de cuatro décadas. «Nunca hemos necesitado a nadie más», dijo una de ellas. En los últimos años la doctora visitaba de vez en cuando su casa, en una pantanosa vereda que se inundaba con las crecidas del río. Había aprendido a meter un par de botas de agua en el coche y a dejar sus zapatillas de ciclismo en la puerta si le tocaba ir a visitarlas.

Cuando la mayor era ya octogenaria, contaban con cuidadores que se pasaban una vez al día, pero con la pandemia cancelaron esa ayuda. La más joven y fuerte decidió que ocuparse ella sola de la otra sería un mal menor. La vida de ambas se había reducido mucho, y los largos paseos por los bosques eran cosa del pasado, pero seguía mereciendo mucho la pena vivir, según decían, de eso estaban seguras. Como también lo estaban de que recibir en su hogar a gente de fuera era un riesgo que no merecía la pena correr.

Luego, hacia finales de otoño, la más joven se cayó, se fracturó la clavícula y tuvo que pasar una breve temporada ingresada. Cuando le dieron el alta, las dos mujeres sintieron tal alivio que se cogieron de la mano sin disimulo en el taxi de camino a su casa, en el valle. Al día siguiente, llamaron del hospital para informarles de que tres de los cuatro pacientes del ala de su pabellón habían dado positivo en COVID y que, por tanto, debían repetirse la prueba. «Hemos sido sumamente cuidadosas, hasta el final. Apenas hemos salido», le dijo consternada a la doctora. «No me puedo creer que esto haya ocurrido en un hospital».

Ambas dieron positivo. La más joven era asintomática, pero la mayor cayó enferma y, con el paso de las semanas, entró en un estado de gran agitación y delirio. La última visita de la doctora a la casa junto al río fue devastadora. Hubo gritos y confusión; la doctora, arrebujada en todos los EPI que logró encontrar; la enferma, agresiva y desconcertada. Al final, llamó a la ambulancia y, al cabo de tres días, a kilómetros de su compañera de vida, la mujer murió. La médica lloró al recibir la notificación del hospital. A pesar de llevar más de veinte años en el oficio, todavía se le hace un nudo en el estómago de vez en cuando. Y aquélla fue una de esas ocasiones.

«Albergábamos la esperanza, ella y yo, de que un día saldríamos a pasear y nos caería un rayo que nos fulminaría a la vez», le dice la anciana al teléfono. «Pero no ha sido así, ¿verdad?».

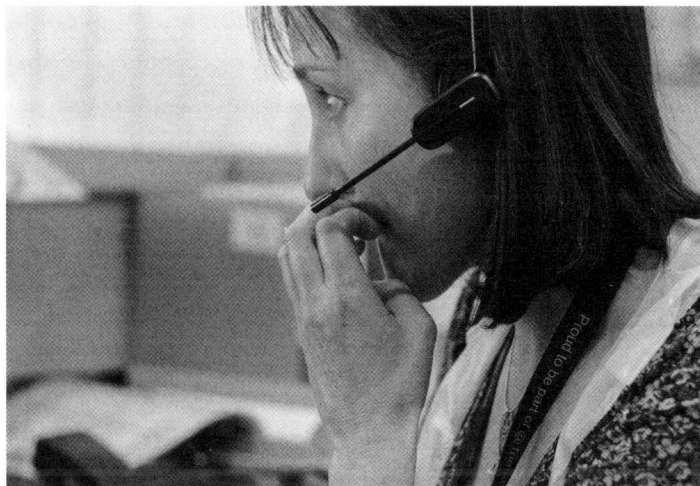

En las semanas previas a las Navidades, la tasa de CO-VID-19 contraída en hospitales representa hasta el veinticinco por ciento del total de infecciones en el Reino Unido. Dentro de la atención primaria, esto genera una situación bastante precaria. Los umbrales que en otros contextos harían que la doctora enviara a sus pacientes al hospital necesariamente se desplazan y las líneas de riesgo se redibujan. Esto no constituye un conjunto de datos estadísticos, por supuesto, pero consideremos el caso de cinco pacientes vulnerables, a todos los cuales, en tiempos normales, la doctora habría ingresado sin dudarlo. Los tres en los que se tomó la decisión de intentar gestionar su estado en casa están vivos; los dos ingresados están muertos. Uno de ellos a causa del propio virus, y en ninguno de los dos casos la familia pudo acompañarlos.

Unas decisiones de este calibre no se toman a la ligera ni son unilaterales. Como es natural, se consulta y se discute el riesgo con los colegas y la familia. Pero esa necesidad desesperada de evitar la hospitalización de los pacientes vulnerables se está convirtiendo en una parte considerable del trabajo de la doctora durante la segunda ola de la pandemia. Además, el resto de los enfermos, tengan la edad que tengan, se muestran también reacios a acercarse a un hospital. En una reciente consulta matutina, junto a dos pacientes nerviosos por el retraso en las derivaciones y la lista de espera, había otros seis que precisaban con urgencia radiografías o escáneres y que se negaban categóricamente a ir a hacérselas. Esto requiere que la doctora realice un recalibrado dinámico de sus parámetros de riesgo habituales con el que se siente de todo menos cómoda.

Por la tarde intenta relajarse dando un paseo antes de empezar con las consultas vespertinas. El frío y la humedad le vendrán bien para despejarse; caminar la sacará de sus pensamientos. Se avecina tormenta; el cielo está cubierto por unas nubes amarillas y púrpuras que semejan el humo del tabaco en un club de jazz. La tierra está oscura salvo por las pocas hojas doradas que ha dejado el otoño, que se aferran a la última luz del día, y el río es una mancha de cielo en el fondo del valle.

Ese lunes no deja de pensar en la residencia de ancianos al otro lado de estos bosques. De momento, allí no se ha detectado ningún caso de COVID, pero esa misma mañana, al leer algunas cifras de otros centros, se le ha helado la sangre. Veinticinco camas, doce positivos. Dieciséis camas, diez positivos. Un médico de cabecera en el condado vecino ha dado positivo, a pesar de que sus procedimientos para controlar la infección son intachables. Y a ella le toca ir a ver, en persona, a un puñado de enfermos agudos en la residencia el viernes. En la ronda por teléfono de la mañana, le han comunicado que hay tres ancianos que requieren su presencia. Aunque no se han confirmado los síntomas, se encontraban mal, cansados, confusos. Así es como suele presentarse el virus en los más frágiles. Por supuesto, los aislaron en cuanto se dieron cuenta, después de comer, y están recibiendo los cuidados pertinentes. Pero ¿y si...? ¿Y si...? Sería una terrible desgracia, y más cuando apenas quedan unas semanas para que llegue la vacuna. La doctora admite que su preocupación por preservar la seguridad de la residencia raya en el fanatismo. Con severidad, se recuerda a sí misma que no hay que darle demasiada importancia, que le queda mucho más por hacer. Y, de repente, el cielo se resquebraja soltando un aguacero descomunal, y, con la capucha puesta, corre hacia el dispensario para secarse antes de la primera consulta telefónica de la tarde.

Su padre tenía sólo cuarenta y nueve años cuando le diagnosticaron la enfermedad de Parkinson y aún no había cumplido los sesenta cuando lo ingresaron en una residencia a orillas del río, a unos quince kilómetros y varios meandros torrente arriba de la consulta de su hija. La enfermedad, que le había causado estragos físicos y mentales, culminó en la confusa decisión de abandonar a su esposa después de tres décadas juntos. La doctora se limita a decir: «Pobrecito mi padre, se equivocó. Reconoció que fue un error». Tras varios años en el centro residencial de arriba y en aquel momento en un estado muy frágil, lo trasladaron a la residencia de ancianos de la que ella era la médica jefa. Aunque otro médico de cabecera aceptó responsabilizarse de su atención, cuando ella terminaba su ronda con el resto de ancianos, se quedaba un rato con él. Siempre lo encontraba en la vieja sala de estar de alto techo con cornisa y grandiosos ventanales de guillotina victorianos. Juntos contemplaban las copas de los árboles del valle o, si el tiempo acompañaba, lo llevaba a la terraza para observar las sombras de las nubes moviéndose por las laderas. Sólo tres semanas después, murió.

«No sabíamos que estaba tan cerca del final cuando lo trasladamos, pero su vida llevaba mucho tiempo apagándose. Había pasado ocho años en la anterior residencia. Y uno en una casita del pueblo después de dejar a mi madre. Y antes de eso había vivido una temporada en una enorme granja propiedad de ambos. Cada una de esas mudanzas se había traducido en un número decreciente de pertenencias. Eso sí, yo me empeñé en que su vieja estantería de roble y todos sus libros se trasladaran con él. Por supuesto, la probabilidad de que alguna vez los leyera era nula, pero yo quería que la gente supiera el tipo de cosas que le interesaban. También le llevé algunas fotografías suyas. Intentaba mostrarles a los demás el hombre que había sido y que ya no era. Fue el único rato que pasé en aquella habitación, y no con él, sino colocándolo todo. Por eso, cuando falleció, fui allí directa y estuve tres horas con él. Su habitación era preciosa, abajo, en la parte antigua del edificio. Unas vistas magníficas. Creo que murió un jueves; yo volví al trabajo el lunes siguiente para hacer la ronda y alguien nuevo que necesitaba que lo examinaran ocupaba ya su antiguo cuarto. Fue extraño. Me decía a mí misma: "¿Vas a comportante como una cría o serás capaz de afrontarlo? Por supuesto, serás capaz". Así pues, entré. Debo admitir que fue una sensación desestabilizadora, aunque no creo que tuviera ningún efecto en mi encuentro con el paciente. Incluso ahora, cuando me toca ir al centro, pienso: "Ahí está la habitación de papá", y ésa, la de la esquina, para mí siempre será la habitación de mi padre, pese a que apenas la ocupó tres semanas. Si está vacía, asomo la cabeza y dedico un momento a recordarle, y a rememorar aquellas horas que pasé sentada con él. Perder a un padre te marca, ¿no?».

El padre de la doctora le había enseñado muchas cosas importantes sobre la vida: el poder del optimismo, el valor de aprovechar el día, un profundo amor por los perros y los caballos, a jugar al *backgammon* con astucia, el volumen apropiado (muy alto) para escuchar «Dreamer», de Supertramp, o la sencilla alegría de unas rodajas de manzana ofrecidas con la punta de un cuchillo afilado. Y, por encima de todo eso, le enseñó a hablar con la gente. Él sigue vivo no sólo en su vínculo con la residencia, sino en cada conversación que entabla en su profesión.

«Mi padre solía escuchar a los demás… Quiero decir, escuchar de verdad; no se dedicaba a esperar un hueco en la conversación para intervenir. Cuando había una pausa, preguntaba algo para que la conversación siguiera. Según él, cada uno tiene claro lo que va a contar. En cambio, con las preguntas se aprenden cosas nuevas. Lo curioso es que sus interlocutores solían coincidir: "Ese Jim es un gran tipo, un hombre interesante". Y eso sin saber nada de él. Lo que les llamaba la atención de mi padre era el interés que mostraba por ellos».

Si hubiera que definir la filosofía que hay detrás de la relación de la médica con sus pacientes —por qué le gusta su trabajo, por qué es buena en él, por qué sus pacientes confían en ella y la aprecian—, no habría que buscar más allá. Su padre no era médico ni sabía, por lo menos al principio, que estaba criando a una futura doctora. Sin embargo, le enseñó algo que no está en los libros de texto. Que lo importante es ser humano y relacionarse con otros humanos con amabilidad y honradez.

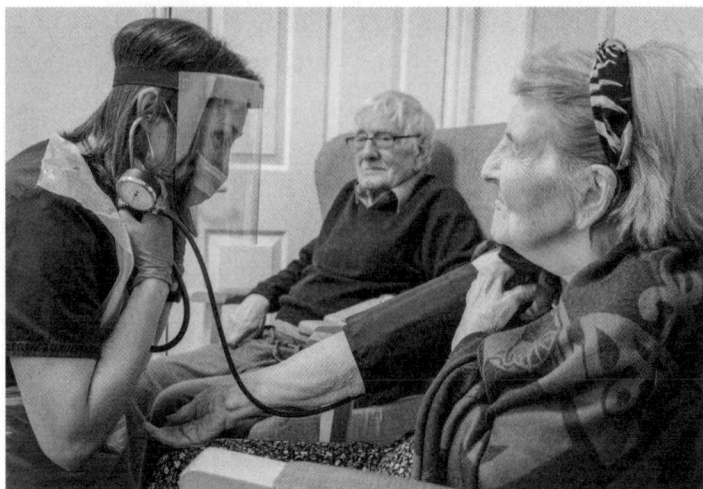

Cada año, al llegar diciembre, la consulta del valle se altera con lo que llaman «cosas de Papá Noel». El equipo anima a la comunidad a donar ropa, juguetes y libros para empaquetarlos en función de la edad a la que van dirigidos y donárselos al refugio de mujeres del pueblo o a familias lugareñas necesitadas. Por lo general, hacia la mitad del Adviento, el almacén, situado detrás de la recepción, está abarrotado hasta los topes de golosinas, no así este año. Los protocolos de control de infecciones lo impiden. A pesar de que la supervisora entró sigilosamente una mañana temprano y adornó cada escritorio, incluido el de la médica, con pequeñas guirnaldas luminosas, esta vez la Navidad tiene un aspecto sombrío. La llamada de una amiga de la doctora le proporciona un momento de respiro. Le cuenta que sus hijos han estado haciendo limpieza y han encontrado una cantidad vergonzosa de regalos preciosos, muchos de los cuales ni siquiera habían abierto. «¿Le serían útiles a alguien?», pregunta. Ella tiene en mente a la persona idónea: en una vivienda social junto a la carretera principal, una madre soltera trata de sacer adelante a sus cinco hijos con tres trabajos con los que a duras penas logra pagar las facturas. Sin dilación, le envía un mensaje de texto. Aunque la mujer lo ha leído, no recibe respuesta ni esa noche ni a la mañana siguiente. Se atormenta, convencida de que la ha ofendido, pero, a la hora de comer, por fin llega la contestación. «Sería maravilloso, así podremos celebrar la Navidad». Escribe un gracias seguido de varios signos de exclamación y un emoticono de árbol de Navidad.

Tal vez sea una tontería, pero eso reaviva el espíritu de la doctora. La madre está feliz. Sus hijos serán felices. La familia que ha ofrecido los regalos se siente feliz, cualquier despilfarro previo queda expurgado por el hecho de compartir su buena fortuna. Y la doctora también se siente feliz por haber organizado algo sencillo en una comunidad que ama. El optimismo ha sido duro en 2020, ilusorio la mayor parte del tiempo, pero no la esperanza. La esperanza es diferente. A ella aún le queda mucha.

La mañana del día de Navidad, la médica del valle no trabaja, por fin. Como ya ha troceado las verduras y su marido está atareado en la cocina, se coloca los auriculares, se pone un audiolibro, llama con un silbido a los perros y sale a dar un paseo antes de comer. Hace un día precioso, claro, luminoso, frío. En la linde del bosque, cerca del tramo más alto del valle, donde una mancha de brezal húmedo desgarra el manto de árboles, se encuentra con una paciente que también está paseando al perro.

«Oh, no quiero molestarla», dice su vecina, «no el día de Navidad. Descanse. No se pare a hablar conmigo». Ella hace caso omiso. Conversan unos minutos sobre el virus, cómo no, y sobre las vacunas, que recibirán «pronto», afirma la médica. Añade que la noticia de que las vacunas llegarán con el año nuevo es el mejor regalo de Navidad que puede imaginar, pues significará que la residencia de ancianos estará a salvo, que todo el mundo estará a salvo, pero la mujer la interrumpe.

«Me recuerda al viejo doctor John, ¿sabe? No en los modales, por supuesto. Solía venir a la farmacia donde yo trabajaba y se ponía a echar pestes, a despotricar, a soltar tacos, como era habitual en él, pero todo se le perdonaba porque estaba entregado a los demás. Su mujer era su pilar. Sin ella, estaba perdido. Es curioso, porque mi marido y yo estuvimos hablando justo de eso la semana pasada, de lo afortunados que somos por haber tenido dos médicos en nuestra vida que amaban a sus pacientes tanto como usted, tanto como él. Alguien escribió un libro sobre el doctor. ¿Lo sabía?».

Y con un «Feliz Navidad» doctora y paciente se separan junto al brezal.

«Hay crisis nacionales o sociales de tal envergadura que ponen a prueba a cuantos las viven», escribió John Berger en las páginas finales de *Un hombre afortunado*. «Son los momentos de la verdad, en los que se revela no todo pero sí mucho de los individuos, las clases, las instituciones, los líderes». A todas luces, no escribía sobre pandemias. Su preocupación era la problemática relación entre el individuo, las estructuras de poder y el desarrollo de la historia, mientras se detenía a imaginar las decisiones que el doctor Sassall podría tomar en un futuro, no especificado, de gran agitación. Para el lector contemporáneo, éste es uno de los pasajes más opacos del libro y resulta difícil dilucidar si Berger consideraría la COVID-19 como tal crisis o no. De todos modos, esas dos frases parecen vaticinar los extraordinarios acontecimientos de 2020, y los que siguieron, con una extraña presciencia. Se leen como una advertencia, un toque de clarín o un lamento.

A ojos de la doctora encierran una gran verdad: sí, la crisis fue una prueba como ninguna otra, para ella, tanto en lo personal como en lo profesional; sí, ofrecía una cruda revelación de lo que más importa en su rama de la medicina; y sí, se encontrarían decisiones difíciles que tomar, pues todos sabían ya que volver a «la vieja normalidad» no era factible.

«La COVID-19 ha producido el mayor cambio en la organización de la medicina general del Reino Unido en doscientos años», escribieron los autores de un editorial que apareció en el *British Medical Journal* a finales de 2020. La pandemia supuso, argumentaban, «una bifurcación en el camino de la medicina general». Mientras que las consultas presenciales habían caído en los primeros meses de la crisis alrededor del diez por ciento respecto a su nivel anterior, en aquella fase los responsables políticos, tanto en el país como en el extranjero, soslayaron en gran medida el efecto de la pandemia sobre la atención primaria. Es significativo, por ejemplo, que no se incluyera a ningún médico de cabecera en ejercicio en ningún comité del Grupo de Asesoramiento Científico para Emergencias del Reino Unido (Scientific Advisory Group for Emergencies o SAGE). Aunque el número de consultas presenciales aumentó en otoño de aquel año, en general el impacto de la pandemia en la relación médico-paciente fue atroz: perturbando la ya asediada continuidad de los cuidados, dificultando la empatía, enfrentando a los médicos de hospital y los médicos generales, socavando tanto la confianza pública como la individual, aumentando palmo a palmo la brecha entre los médicos de familia y sus pacientes. Los autores del editorial del *British Medical Journal* concluyeron que la medicina general se enfrentaba «a una elección entre un futuro personal o impersonal».

La doctora leyó el artículo sentada a su escritorio, una mañana temprano antes de empezar la consulta, y supo cuál sería su elección. De hecho, ya la había tomado. Los acontecimientos de 2020 la habían grabado en su mente.

V

Muy rara vez un árbol caído se enderezará y sus ramas recobrarán el cielo. Cuando pasa la tormenta, cuando los vientos cambian de dirección o cuando un ser humano servicial corta las ramas caídas con una motosierra, se produce una imperceptible alteración del equilibrio. Resistiéndose a su reposo eterno, el árbol postrado se encarama laboriosamente hasta alcanzar la vertical mientras su enmarañado disco de raíces colma de nuevo el vacío que dejó atrás. Éste es uno de los innumerables pequeños milagros con los que están familiarizados quienes viven en el bosque. Los arboristas lo saben y toman precauciones para no acabar catapultados por encima de sus copas. Los padres advierten a sus hijos que nunca trepen a un tilo, un castaño, un haya o un álamo recién caídos. Pero nadie negará la emoción de que tal cosa sea posible. Es una insólita oportunidad de admirar no un momento de creación, sino de redención.

Los médicos están acostumbrados a esos instantes en forma humana. Por mucho que el sentimiento de finitud domine el trabajo con el que se ganan el pan, también están al tanto de la maravilla de la supervivencia. Esta mañana la doctora habla por teléfono con una de esas pacientes, una mujer que le cuenta que la semana anterior celebró su setenta y seis cumpleaños con una tarta que le habían hecho sus nietos y que le dejaron en la puerta mientras cantaban desde el otro extremo del helado sendero del jardín.

Aproximadamente un año antes de la pandemia, se había sometido a una cirugía mayor debido a un complicado cáncer de intestino. Puesto que se trataba de una operación que siempre es arriesgada, algo que tanto ella como su marido sabían, se le reservó una cama postoperatoria en cuidados intensivos. Todo lo que entonces podía salir mal salió mal —fallo renal, fallo hepático, fallo respiratorio— y la mujer acabó ocupando aquella cama de cuidados intensivos no durante unos pocos días, sino durante tres meses, a las puertas mismas de la muerte. Un viernes por la tarde, informaron a su marido de que su pronóstico era tan malo que había llegado la hora de plantearse retirar el soporte vital. Él lo entendió, pero, angustiado, pidió el fin de semana para digerirlo y discutirlo con sus hijos. El lunes se produjo uno de esos invisibles cambios del equilibrio biológico. Para sorpresa del especialista, el estado de la paciente no sólo se había estabilizado, sino que había mejorado. No fue necesaria ninguna decisión sombría y la mujer salió enseguida de cuidados intensivos. Seis semanas después, demacrada pero viva, volvió a su casa, situada en la cresta exterior del valle y con vistas a las oscuras montañas del oeste.

La médica se enteró de los detalles de la terrible experiencia no por el informe de alta del hospital (en el que no se mencionaba la posible retirada del soporte vital ni la posterior mejoría temporal), sino en una rutinaria cita de seguimiento en la consulta, algo que intenta hacer con todos aquellos que han pasado una larga temporada en el hospital. Según sostiene, a ellos les ayuda contar su versión de la historia; siempre hay algo valioso que aprender. Así fue como se enteró de lo sucedido, escuchando por turnos el relato en las bocas del marido y la mujer.

Al cabo de seis meses, esta última había vuelto, más o menos, a gozar de plena salud. Un caso tan excepcional como que un árbol caído vuelva a enderezarse. A su esposo, según le contó a la doctora, le gustaba llamarla «la que escapó». «O Rasputín, para hacerse el gracioso», aunque la médica había visto la expresión de la cara de su marido y no era cómica.

Cuando, el pasado noviembre, la esposa contrajo COVID-19 —no tenía ni idea de cómo, pues habían sido muy cautos—, se prepararon para lo peor. La mujer se lo describe por teléfono exponiéndole que seguramente exista una cantidad finita de segundas oportunidades, de las que ella ha disfrutado ya más de la cuenta. Pasó una semana encamada y dos más sintiéndose cansada y «apagada», pero no hubo que ingresarla, su marido no se contagió y, a estas alturas de enero, volvía a ser la misma de siempre. «Es extraño, casi me siento culpable», dice. «Bueno, lo haría, si no me sintiera tan afortunada. Sin embargo, cuando pienso en…, bueno, en toda la gente de la zona, no parece justo, ¿verdad?».

La promesa de la vacuna contra la COVID parece poner punto final a la incertidumbre, a la interminable ruleta de quién se librará del virus y quién sucumbirá. En realidad, las dosis tardan semanas en llegar al valle. La doctora esperaba que la consulta recibiera la primera entrega en cuanto comenzara el nuevo año, pero los días pasan y un lote de la vacuna Oxford / AstraZeneca ha fallado, por lo que se producen retrasos en la cadena de suministro. El ambulatorio se ve asediado por llamadas telefónicas de pacientes que quieren saber por qué a familiares o amigos de la otra punta del país los han llamado para vacunarlos antes que a ellos. En la primera semana de 2021, la segunda ola de la pandemia arrasa y la residencia de ancianos de lo alto del valle es una de las últimas del condado sin casos de COVID, algo que la doctora sabe que puede acabarse de la noche a la mañana. Ella y la supervisora se reúnen varias tardes seguidas, hacen llamadas telefónicas y escriben correos electrónicos para intentar agilizar la entrega, pero nada de eso cambia mucho las cosas. A pesar de la frustración, nota casi un asomo de alivio al darse cuenta de que, por más que lo intenten, no pueden hacer nada. Viviendo aquí y ejerciendo su oficio como lo hace, no hay nada malo en recordarse los límites de su propia capacidad. Al menos, eso es lo que se dice a sí misma, aunque a veces es como si el fantasma del mismísimo doctor John estuviera golpeando el cristal de la ventana para decirle: «Joder, mueve el culo».

La doctora visita a un paciente anciano en su domicilio. Ha vivido sus ochenta y tres años en lo alto del valle. El doctor John fue su médico, por supuesto, e incluso, cuando era muy pequeño, el que hubo antes que él. Sin embargo, esta tarde el tema no son los médicos de siempre, sino las vacunas de siempre. Parece que es de lo único que hablan ella y sus pacientes estos días.

El anciano ahora vive en un moderno *bungalow* en el pueblo principal, pero le cuenta a la doctora que creció en la parte baja de la empinada callejuela de la iglesia vieja, una diminuta capilla y un campanario medievales ahora extrañamente apartados de cualquier asentamiento y suspendidos bajo un tupido bosque en el meandro más septentrional del desfiladero. Aquél era un camino largo para un niño pequeño, le explicó, más de seis kilómetros a través de la espesura hasta la consulta, al lado de la antigua oficina de correos. Aun así, tuvo que caminar penosamente, con sólo cinco años, para participar en la primera vacunación masiva en la historia del país. Se trababa de prevenir la difteria, una de las principales causas de muerte infantil durante la década en que él nació. «Esa larga caminata merece la pena», le había dicho su madre. «Tardé toda la mañana en llegar», continuó él, «y luego me pusieron una inyección e hice a pie todo el trayecto de vuelta a casa. Eso es lo que recuerdo».

A mediados de enero, un equipo itinerante de vacunación de la junta sanitaria visita la residencia cercana a la cascada para administrar las primeras dosis. La doctora se permite mirar al cielo susurrando un «Al fin». Poco después, llaman a los trabajadores de primera línea del NHS, entre los que se incluye el personal del ambulatorio, y también a su madre, para recibir los primeros pinchazos en el enorme centro de vacunación que se ha montado en un estadio deportivo de una ciudad a unos treinta kilómetros de distancia. Es extraño que, después de lo que han pasado, el proceso en sí parezca casi burocrático. Ciertamente carece de la poesía y el dramatismo que cabría esperar de un momento de redención, pero el alivio reside en lo mundano del «Bueno, ya está», en el susurro de un «Gracias a Dios». Para la doctora se ve atenuado por una punzada de culpabilidad por recibir ella la vacuna antes que los miembros más vulnerables de su comunidad. «Es más agradable, más puro en cierto sentido», dice, «sentirse satisfecho y aliviado por otra persona en lugar de por uno mismo». De todos modos, nota que sus dos hijos adolescentes, que nunca han manifestado la menor inquietud por su seguridad, la abrazan con fuerza esa noche: «Qué bien, mamá». Se da cuenta de que estaban preocupados.

La instalación del primer punto de vacunación en el mayor de los dos consultorios del valle está programada para el penúltimo sábado de enero y dos veces a la semana durante los meses siguientes. La doctora, la supervisora y su pequeño equipo han dedicado muchas horas a afinar un protocolo seguro para las entradas y las salidas, a programar las citas para maximizar la asistencia al tiempo que se tienen en cuenta los protocolos de consentimiento, de inscripción y de limpieza. Empiezan con franjas horarias de ocho minutos por paciente y las reducen, sobre la marcha, a cinco. Tres personas del equipo administran los pinchazos, cinco registran y guían a lo largo del proceso a los vacunados, más de doscientos cada día, antes de sacarlos a la parte trasera del edificio, al áspero verde parduzco de la húmeda pradera de detrás del dispensario, donde, a medida que pasen las semanas, un coro de gorjeos y el aroma vegetal de la hierba nueva y las flores silvestres les darán la bienvenida. Pero aún no, porque ese primer fin de semana el camino está nevado.

Las historias sobre los crudos inviernos abundan en el valle. Son los relatos compartidos que definen a una comunidad, los recuerdos que unen a los vecinos. Una vez, hace años, la superficie del río se heló formando una espesa tesela de hielo que permaneció inmutable varios días. Cuando por fin la corriente soltó y arrastró ese pavimento, el fragor de su descenso reverberó hasta la corona engarzada de nubes del bosque en la parte de superior del valle. «Hubo un estruendo infernal», dice un viejo residente. Otro hombre recuerda que las callejuelas quedaron cubiertas, hasta la altura de los setos, de una nieve que provenía de los campos que hay más allá. Cuenta que su padre utilizó su tractor para cavar un túnel y atravesarla. Mientras tanto, él y su hermano se dedicaron a corretear por el paisaje nevado, desde el que ahora alcanzaban a tocar los cables telefónicos que quedaban justo encima. Incluso hoy, el viento que silba en lo alto, como alguien que intenta sacar una nota musical de una botella, talla la densa nieve dándole improbables formas modernistas, semejantes a blancas esculturas de Henry Moore. En los días de invierno los pueblos de esa zona suelen quedar separados de los más próximos al río por una línea de nieve distinta, recta como una regla. Arriba uno puede estar intentando cavar un camino hasta el coche, o sencillamente darse por vencido, mientras que sus vecinos, a cuatrocientos metros cuesta abajo, todavía ven la hierba de su jardín espolvoreada de una fina capa de azúcar glas.

Un día de nieve presenta un singular conjunto de desafíos para la doctora rural. Puede implicar que tenga que deslizarse a pie por el camino helado hasta la residencia agarrándose a las ramas de los árboles para coger impulso. O, como sucedió unos inviernos atrás, que después de tres kilómetros con sus botas de agua y un gorro de lana para visitar a un paciente se lo encuentre comiendo un buen solomillo Wellington con una copa de burdeos. «Tiene mejor aspecto, ¿verdad, doctora?», le preguntó la esposa, que noventa minutos antes había insistido en que necesitaba atención urgente. La marcha de tres kilómetros de regreso a través de lo que se había convertido en un ventisquero brindó a la doctora una amplia oportunidad para repasar sus habilidades de triaje.

Sin embargo, lo habitual es que sucedan otro tipo de cosas. Como cuando un vecino suyo que se dedica a hacer chapuzas, un avezado manitas, un portento del bramante y la madera, llamó a la consulta para avisar de que se había «lastimado un poco una mano». A causa del intenso temporal, todos los pacientes, salvo un puñado, habían cancelado sus citas y la médica, cuyos hijos eran muy pequeños en aquel entonces, había salido un par de horas para montar en trineo con ellos, en compañía de su abuela. El menor de los dos se había cogido frío y habían vuelto a casa para tomar una taza de chocolate caliente cuando sonó el teléfono. A los dos minutos la médica estaba montada en el coche rumbo a la pequeña finca del vecino, en lo alto de la colina. Se figuraba que la herida sería un feo corte o quizá un desafortunado martillazo. Sabía que esa familia rehuía la intervención médica y evitaba el hospital a toda costa, así que pasó por el consultorio para coger vendas, suero y algún material de primeros auxilios. Dado que el escarpado camino hasta la casa era intransitable, aparcó en la verja, se asomó y echó a andar. El taller del hombre, en realidad poco más que un cobertizo, se hallaba en el extremo más alejado de dos cercados. Primero se fijó en la puerta entreabierta; después en el blanco suelo, por el que discurría un reguero de sangre que iba desde el primer cercado, pasando por una puerta de cinco barrotes, y atravesaba el segundo cercado hasta alcanzar la entrada a la cocina. A toda prisa, entró. Allí estaba el hombre, en una silla, lívido, con el codo apoyado en la rodilla y un torniquete hecho con una especie de esparadrapo quirúrgico blanco colgándole de la mano ensangrentada, que sostenía en alto. En la palma de la otra, extendida en horizontal como si deseara olvidar su contenido, había medio pulgar. La doctora, tuteándole, le preguntó qué había ocurrido y él le respondió: «Taladro de columna».

Las dos hijas adultas del herido revoloteaban a su alrededor, cambiando de una posición a otra como si no supieran qué hacer ni dónde colocarse. La médica le pidió a una de ellas que llamara al 999. En los tiempos del doctor John, la intervención quirúrgica necesaria bien podría haberla realizado él mismo, ya fuera en el consultorio o en el hospital rural del bosque, pero ya no era así. Había que ingresar al hombre en urgencias, en la ciudad. Lo único que podía hacer era estabilizarlo y ganar tiempo.

Antes de coger los vendajes, examinó más de cerca la mano malograda. La cinta blanca que había creído un torniquete no eran sino ocho o nueve centímetros de tendón del antebrazo que el taladro de columna le había arrancado. El hombre, claramente en estado de *shock*, respiraba con dificultad. Ella insertó una cánula en el pliegue del codo, conectó un tubo y miró a su alrededor en busca de un gancho o un estante del que colgar una bolsa de suero salino. Al final pidió a la otra hija que sostuviera el suero en alto mientras ella le vendaba la mano. Una vez que le puso el suero, que le vendó la mano y se la colocó en alto sobre una pila de cojines en la mesa de la cocina, con el pulgar amputado encima de un fajo de gasas, la espera se hizo eterna.

En tales situaciones, se dedica a realizar diversas comprobaciones médicas, que, sin ser esenciales desde el punto de vista profesional, contribuyen a dar la sensación de que el tiempo transcurre más rápido y de que además está «haciendo algo». Le tomará el pulso y la temperatura, comprobará la tensión arterial, ajustará los vendajes, todo ello sin dejar de hablar, algo que a su vez tranquiliza al paciente y a la familia, que consideran que se está haciendo todo lo posible. Así consigue llenar los minutos y evitar que el pánico y el dolor se apoderen del paciente.

Cuando recuerda aquella tarde, y cualquier otro encuentro similar a lo largo de sus más de veinte años aquí, comprende que parte de lo que ofrece a quienes están a su cuidado es tiempo. Al fin y al cabo, tiempo es lo único lo que tenemos, y no en el sentido de eficiencia, de gestión, de programar una cita y no retrasarse, ni tampoco en términos de posponer la muerte. Más bien, trabaja sabiendo que el tiempo es el eje finito de nuestras vidas y que la experiencia que tenemos de él es importante, pues no todos los minutos de una misma existencia son iguales. A veces las semanas, los meses o los años pasan volando, ligeros como telarañas, pero, cuando se siente dolor, miedo o angustia, diez minutos pueden pesar tanto como un año entero. El modo en que se trata a la gente en esas circunstancias marca la diferencia, y ella lo sabe. Está aquí para ayudar a cargar con la gravidez del tiempo, para que sus pacientes regresen a horas más ligeras, ya se trate del moribundo que cuenta sus horas, ya de la joven que lucha contra la depresión, ya de un manitas que se ha cortado el pulgar y espera una ambulancia en plena nevada.

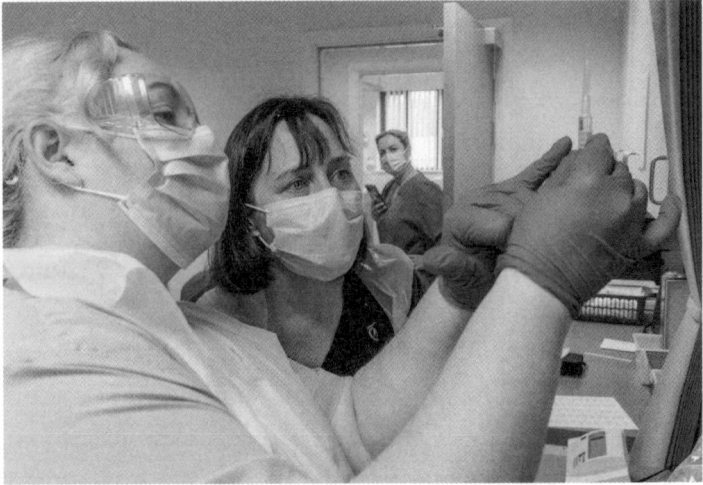

La previsión de tormentas de nieve cuando se ha instalado el primer punto de vacunación contra la COVID le quita el sueño. Será la primera vez en muchos meses que los pacientes más ancianos de la doctora se aventurarán a salir al valle. Se han enviado al consultorio sacos de sal y arena que están apilados junto a las puertas para esparcirlos con las primeras luces del día. Aun así, la doctora ha pasado gran parte de la noche desvelada por que alguna pobre anciana, con la esperanza de librarse del virus asesino, se resbale en el aparcamiento y se rompa la cadera. Más de una vez, se levanta de la cama y se asoma por las cortinas de su dormitorio para otear el tenue azul de la nevada nocturna.

Pero por la mañana descubre que la naturaleza ha sido amable. Hace un frío tremendo, helador, pero no ha nevado.

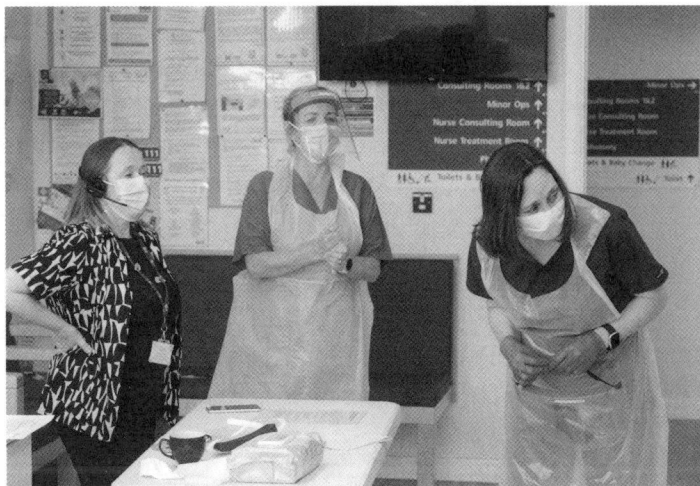

Se presenta temprano en el consultorio. Su equipo al completo está allí antes de la hora. Todo está listo. El ambiente entre ellas desprende un brillo eléctrico. Están tranquilas, concentradas. Ha llegado el momento. En el periodo de calma antes de que aparezcan los primeros pacientes, las mujeres se reúnen en la vacía sala de espera, nerviosas, como unas corredoras antes de una carrera. La doctora, en general poco dada a la oratoria, se sorprende dando un pequeño discurso.

«Madre mía, chicas», dice. Su voz desborda emoción. «Sois, y habéis sido, increíbles. Desde marzo del año pasado. Jamás os he pedido a ninguna que hicierais nada, lo que fuera, pero lo habéis hecho y, en cuanto terminabais, a los dos minutos ya me estabais preguntando: "¿En qué más puedo ayudar?". Sois maravillosas. Gracias».

La aplauden, se enjugan las lágrimas, se suenan la nariz bajo las mascarillas. En su corazón, sabe que esto no es el final, sólo el comienzo de otro año largo e incierto. Aun así, este lugar y sus habitantes la llenan de esperanza. Esas mujeres son los cimientos que afianzan que la comunidad confíe en su médica; cultivan las relaciones con los pacientes tanto como ella. Alguien se señala la oreja. Se oye el rechinar de unas ruedas en la gravilla y un coche, con un conductor de pelo cano, se cuela en el aparcamiento frente a las puertas de cristal. En marcha.

La emoción que demuestra el equipo, cuyos miembros andan entre los cuarenta y los cincuenta y tantos años, no se aprecia en las generaciones mayores, que crecieron durante la guerra. A ellos, de vez en cuando, se les empaña la mirada, pero por lo general muestran un estoicismo de lo más pragmático. Aunque hay un ambiente festivo y entusiasta en el consultorio por recibir de nuevo a los pacientes, en el fondo retumban los días, las semanas y los meses perdidos en un momento de sus vidas en que empiezan a escasear. La doctora es incapaz de devolverles eso. «Me alegro de verte por fin», le dice un anciano, «ya me han contado que acabas de llegar de un largo crucero», y se ríe. Una mujer le regala un tarro de mermelada. Se ha quejado a la junta sanitaria de los retrasos en la disponibilidad de la vacuna, pero quiere que sepa que la protesta no va contra ella. «Es de naranja agria. La hago todos los años en enero». Otra mujer se presenta con su marido, aureolado con una melena esponjosa y blanca, como tantas ahora debido a los confinamientos. «Está bien, ¿a que sí?», pregunta. «Parece un diente de león».

A última hora repara en que, en el suelo de la consulta y esparcidos por el pasillo, hay unos pegotes de barro negro procedentes de algún zapato. Recoge uno y lo toquetea. No parece barro. Al final del pasillo, la supervisora intenta, sin éxito, convencer a una anciana de que se siente en una silla de ruedas para llegar hasta donde está su hijo, que la espera en el coche. Los pegotes son en realidad las suelas de goma de los zapatos de la mujer, sin usar desde hace casi un año, que están desintegrándose y cayéndose a pedazos a cada paso que da. «No, no me caeré», dice con voz cristalina en el pasillo. «Gracias, pero no quiero una silla de ruedas. Prefiero caminar».

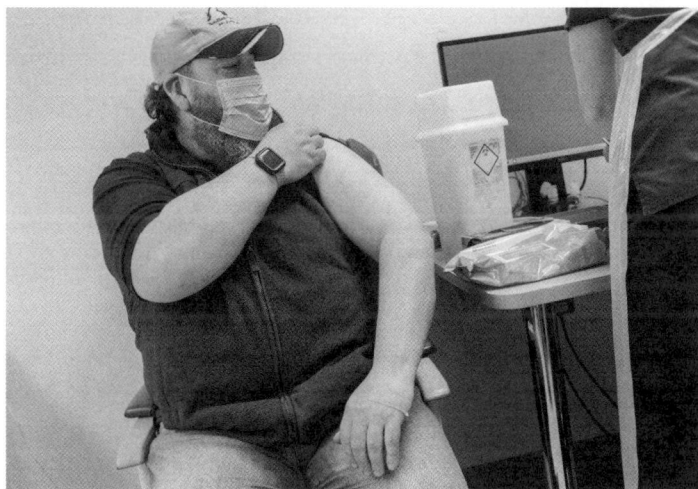

Incrustado en un mosaico de pequeñas granjas en la meseta por encima del río se alza un monasterio anglicano. Hogar de una comunidad contemplativa de casi un siglo de antigüedad, ocupa un bello edificio eduardiano que abarca una capilla, un gran huerto de verduras y otro de árboles frutales, de unas veinticuatro hectáreas. Las fotografías de la década de los setenta muestran una comunidad vibrante y autosuficiente de veintitrés monjas cuidando de sus colmenas y gallineros, ordeñando vacas, cortando el heno o arrancando patatas, haciendo mantequilla, pan y queso para sus modestas y silenciosas cenas en las largas mesas de refectorio, y, frente a cada plato, un libro sagrado apoyado en un atril. Ahora sólo quedan allí cinco hermanas profesas: un par de ellas con mala salud, además de una joven novicia y otras dos a la espera de que las admitan en el noviciado. Estos días las provisiones les llegan desde los supermercados Tesco —hacen la compra *on line*— y de la frutería del pueblo, que les envía un cajón de verduras a la semana.

Aunque la doctora no es religiosa, hay algo en la paz de ese lugar, tanto atmosférica como metafísica, que siempre la coge por sorpresa. Es un sitio sereno que huele a otra época, como una gran casa de campo antigua, con un toque de abrillantador, humedad y libros viejos. Se ha convertido en uno de sus lugares favoritos del valle. Hasta hace poco, la mayoría de las monjas había pasado la edad de jubilación. Ella admiraba la sabiduría de esas silenciosas ancianas, otro tipo de familia en la que la vida a veces es dura. A medida que, una tras otra, iban enfermando y muriendo, ella y una de las hermanas más vigorosas, que ahora rondaba los setenta años, aunaron fuerzas para atenderlas.

«Soy enfermera de formación, no médica», dice la religiosa, «así que no puedo diagnosticar, pero la doctora me ayuda, y si le pido algo, sabe que lo necesito de verdad. La gente no suele entender nuestro estilo de vida, pero, desde el punto de vista médico, que alguien que pertenezca a una comunidad religiosa como la nuestra enferme complica las cosas, pues los conventos no son lugares fáciles para vivir». La hermana habla del silencio, la forma en que nos obliga a enfrentarnos no sólo a nuestras propias debilidades, sino a las de los demás. «Y no puedes escapar», resalta. «La doctora lo entiende. Le interesa, es buena escuchando y muy tranquilizadora. Ella es quien me anima a seguir adelante, supongo, porque hemos tenido algunos problemas bastante serios. Precisamente, hace poco, nos ha conseguido una vacuna contra la COVID para una persona que viene a echar una mano en la cocina, pues ahí es casi imposible guardar la distancia...».

Al preguntarle si considera espiritual la labor de la doctora y si le importa que sea cristiana o no, contesta con rotundidad: «Me da absolutamente igual. No conozco su vida privada. Sé que tiene hijos y monta en bicicleta, nada más. Pero, durante la pandemia, hemos oído mucho, ¿verdad?, que la gente ha aprendido a ser cariñosa y atenta, y creo que ella ya era cariñosa y atenta. No sé si eso puede considerarse "espiritual"... La cuestión es que estamos hablando de una persona, no de un servicio. Por eso siempre llega tarde a las citas: porque le ha dedicado más tiempo del que correspondía al paciente anterior. Y, si me pregunta, eso es una virtud...».

El día en que se instaló el primer punto de vacunación contra la COVID, por la noche, cayó una intensa nevada. Mientras camina hacia el trabajo el lunes por la mañana, el bosque parece una fotografía en blanco y negro, salvo por el rojo de su chaqueta de Gore-Tex. En esas ocasiones, cuando la vida se lo permite, se desplaza a pie. Más que una precaución, es un placer estacional, la oportunidad de disfrutar del valle en todo su esplendor, a lo que se suma el deleite que le procura el crujir de sus botas al pisar cuatro kilómetros de nieve virgen. Siempre será una niña en este aspecto. En otoño siente lo mismo con las brillantes castañas que llenan los bolsillos de su abrigo a pesar de que sus hijos hace tiempo que perdieron el interés por ellas. Y con los ranúnculos que brillan bajo su barbilla. Y al abrirse paso entre los altos helechos que colman los senderos de los prados en verano. Son tantas esas delicias de la infancia que nunca han desaparecido del todo, pero la mejor es la nieve. La doctora llega a la consulta con la nariz rosada y una sonrisa de oreja a oreja, a despecho de lo que pueda depararle la consulta un lunes por la mañana en pleno apogeo de una pandemia mundial. Al cabo de diez minutos, vuelve a ser una adulta en un mundo complejo.

A medida que han pasado los meses, el proceso de las consultas telefónicas se ha vuelto más fácil. La doctora le ha puesto mucho empeño y ha mejorado. Aún echa de menos los matices de los encuentros cara a cara, pero ha descubierto, sobre todo con los pacientes a los que ya conoce, que es posible deducir muchas cosas descifrando su voz, sus pausas, sus evasivas y sus emociones. De cualquier modo, las últimas dos citas telefónicas son delicadas desde el punto de vista ético. La primera, con una maestra de una escuela primaria local, está relacionada con una niña a la que el año pasado le diagnosticaron un trastorno del espectro autista.

La médica conoce a la familia desde que nació la pequeña, pero habló por primera vez con sus padres hace un año, cuando ésta empezó a tener dificultades en la escuela, a la que cada vez se mostraba más reacia a asistir. Era brillante como una centella, pero le costaba estar tranquila o hacer las tareas de clase. El bullicio del patio durante el recreo la alteraba, el rugido de los secadores de manos del bloque de aseos hacía que cualquier visita al retrete la aterrorizara. Incluso el plástico texturizado de las sillas escolares la incomodaba y la agitaba. Consciente de la brevedad de una cita de diez minutos en comparación con las seis horas que su maestra pasaba con ella a diario, la doctora, con el permiso de sus padres, había discutido la situación con la escuela. Hablaron de algunas sencillas intervenciones no médicas: permiso para ir al baño por su cuenta, toallitas de papel para secarse las manos o una silla de madera traída del comedor del personal para sustituir a la anterior. Estas peticiones ganan peso si proceden de un profesional médico, según ha descubierto. Aun así, al final se derivó el caso a ISCAN (Servicio Integrado para Niños con Necesidades Adicionales).

Luego llegó el confinamiento y los colegios se cerraron para todos, salvo para los hijos de los trabajadores de primera necesidad. Los padres de la niña trabajaban en correos, así que ella siguió asistiendo a sus clases, y ahí se produjo la revelación. Ahora que en su clase sólo había cinco o seis alumnos, en vez de treinta, y que el edificio estaba tranquilo, la niña se calmó y empezó a florecer. Sus interacciones se volvieron más pausadas, su rendimiento mejoró, se alegraba de trenzarse el pelo y ponerse el uniforme. De hecho, era la primera vez, por lo que sus padres recordaban, que parecía contenta de ir a la escuela. Todo esto hizo que el regreso a las aulas el pasado septiembre, su último año antes de pasar al instituto, supusiera un tremendo impacto para ella. A la multitud y el ruido, se sumó la letanía de normas relativas a las mascarillas, los grupos burbuja, el distanciamiento social. En este contexto, la niña fue decayendo vertiginosamente hasta que sus padres apenas conseguían sacarla de casa por la mañana. No se lo comentaron a la doctora hasta que, al dispararse de nuevo los casos de COVID, llegó el segundo confinamiento, no mucho antes de Navidad, y con él la mejoría de su hija. Ahora que el programa de vacunación estaba bien encaminado y que en las noticias se hablaba de la reapertura de los colegios, todos ellos, la médica, los padres y la maestra, están preocupados por cómo hacer que la próxima transición sea menos turbulenta que la anterior. Una vez más, su labor gira en torno al paso del tiempo, en este caso el de los días escolares de la niña y su futuro. No hay una solución fácil y la conversación entre la médica y la profesora dura el doble de lo que preveía. «Ya puede imaginarse cómo están sus padres», dice la doctora. «La adoran y lo han pasado fatal. Luego, de repente, se asombraron ante ese hermoso florecimiento y estaban encantados al encontrarse con una persona diferente, la adulta que probablemente será cuando crezca. Es complicado. Tenemos que seguir pensando, seguir trabajando en ello». Acuerdan volver a hablar al cabo de quince días.

La decimosexta y última llamada de la mañana está relacionada con el colofón de uno de sus casos más complejos de los últimos años. Mientras espera escuchando la modulación del tono de llamada, da gracias a Dios por no haber tenido que tratar la crisis central de esta paciente por videoconferencia. La mujer nunca se habría abierto por teléfono. Y se estremece al imaginarla encerrada en su casa con ese marido guapo y maltratador. No cabe duda de que habría sido peligroso. Durante un mes más o menos, hace dos años, la doctora temió de veras que el tipo estallara e hiciera una barbaridad. Cuando piensa en él ahora, en su pulcro aspecto, en esa confianza despreocupada, en esa ropa que evoca vacaciones de verano en enclaves costeros acomodados, su mente se fija en sus dientes blancos y brillantes. Conocía a la familia desde hacía varios años y al principio él le caía muy bien. Aparentaba ser un padre ejemplar; la facilidad con la que aparecía en la consulta con alguno de sus pequeños bajo el brazo, sin esfuerzo, quitándole a su hijo la camiseta por la cabeza con suma destreza para que ella pudiera auscultarle, y, por si fuera poco, eso pensaba, lidiando con una esposa que parecía frágil le resultaba admirable. En las visitas de ella, en cambio, el caos era manifiesto. Los niños lo ponían todo patas arriba en la sala de espera, cogiendo los guijarros de río dispuestos en la base de las plantas en sus macetas y lanzándoselas unos a otros, y su madre cada vez se ponía más tensa. Aunque vestía ropa cara, no era raro que llevara una mancha de carmín en los dientes o una esquina de la blusa descosida, como si hubiera salido de casa a toda prisa. A lo largo de muchos meses, se presentó quejándose de su bajo estado de ánimo, de dolores de cabeza, de mareos y, sobre todo, de dolor pélvico crónico. Aunque la sometió a todo tipo de exámenes, nunca daba con la causa. La mujer expresaba a menudo su culpabilidad por encontrar su vida tan dura a pesar de ser tan afortunada materialmente. La doctora sabía que existía un fuerte vínculo entre el dolor pélvico no diagnosticado y las experiencias infantiles traumáticas, como el abuso sexual o el maltrato doméstico. Junto con el síndrome del intestino irritable o la migraña, es un síntoma típico cuando mente y cuerpo se funden en una tormenta somática. Sin embargo, en vista de que el marido le inspiraba tanta confianza y tras pensarlo bien, se había decantado por la primera causa, una infancia traumática, como la más probable, y, con delicadeza, a lo largo de muchas citas de diez minutos, había indagado si podría haber alguna experiencia pasada que atormentara a la paciente. No encontró ninguna.

El día en que ella vomitó su historia como si fuera lava ardiente, la médica supo que la había engañado. Se encontraba ante un caso paradigmático de control coercitivo. Poco a poco, la autonomía de la mujer había ido quedando mermada: el marido le fue restringiendo el acceso al dinero para las tareas domésticas o la gasolina del coche; le elegía la ropa carísima que vestía; y la asediaba con un aluvión diario de abusos verbales, acusaciones infundadas de infidelidad seguidas de nuevas restricciones a sus movimientos, amenazas de dejarla en la miseria y de llevarse a los niños si ella no cumplía. Había peleas, a veces físicas. La golpeaba contra el marco de una puerta, le apretaba las muñecas hasta dejárselas magulladas. Y hoy, su hijo de nueve años se había abalanzado sobre ella, le contó la mujer, y le había pegado un bofetón parafraseando las palabras de su padre: «Eres patética, mamá. Un cero a la izquierda».

Durante los meses siguientes, la médica veía a la mujer a menudo y le explicaba los riesgos, tanto para ella como para sus hijos, de permanecer en tal situación, y algunas de las maneras en que podría escapar de ella sin correr peligro. Al final, la pareja se separó, el marido se buscó un trabajo (y una nueva esposa) en la otra punta del país y la salud de la paciente mejoró. En estos casos de sospecha de maltrato doméstico, con frecuencia éste es el punto en que un médico abandona la historia. No existe ningún mecanismo formal para supervisar cómo se las arregla un paciente de este tipo en el periodo posterior. El profesional en cuestión sólo puede esperar que acuda a una cita o, si está medicado, como era el caso, que no falte a su revisión semestral.

Esta mañana, el teléfono suena sin que nadie lo coja. La doctora cuelga y lo vuelve a intentar. Por fin la mujer contesta. Su médica sonríe, se dirige a ella por su nombre de pila y se identifica con el suyo.

«Ay, cuánto me alegro de dar contigo. Cuéntame, ¿cómo va todo?».

Sopesar las cuestiones éticas es tan esencial en la labor que hace a diario que relaciona este proceso con su capacidad para albergar esperanza. «¿Qué se debe hacer? ¿Cómo podemos nosotros, cómo puedo yo, mejorar?», dice. «Creo que sencillamente tenemos que seguir intentándolo». Este compromiso ético, así como pragmático y clínico, sustenta cada aspecto de su enfoque de la medicina general y de sus pacientes aquí en el valle. No siempre hay respuestas fáciles a esas preguntas, pero la palabra clave aquí es «práctica». Su trabajo no consiste en la mera aplicación de un conjunto de conocimientos a una gran variedad de objetos humanos. Tampoco en ser una médica cualificada que posee dichos conocimientos sin más. Es una cualidad iterativa, una actividad virtuosa en el verdadero sentido aristotélico: una búsqueda significativa en sí misma, tanto en lo ético como en lo interpersonal. Consiste más en llegar a ser que en conocer, y su savia vital es la confianza. Vista así, cada consulta de atención primaria es más un alto en el camino que un destino clínico al que el médico y el paciente llegan en el momento oportuno. Para una profesional como ella, en la afortunada posición de atender a muchos de los enfermos hasta el final de sus días, el único destino en fríos términos materialistas es la muerte misma. Por tanto, la pregunta es si puede el lenguaje de los «resultados médicos» abarcar con éxito todo lo que se desarrollará en semejante viaje, ese tranquilo calibrado del tiempo. ¿Es posible medir su valor?

Publicado en el *British Journal of General Practice* durante el segundo verano de la pandemia de COVID, un estudio longitudinal de la continuidad asistencial dentro de la medicina general en el Reino Unido identificó un declive constante y preocupante entre 2012 y 2017. No sólo el porcentaje de pacientes que habitualmente pueden ver a su médico de cabecera predilecto cayó diez puntos porcentuales, sino que también lo hizo el de aquellos que declararon tener un médico de cabecera predilecto (en nueve puntos porcentuales). A pesar de la asociación entre la escasa continuidad de la atención y los malos resultados sanitarios, el fracaso de los responsables políticos a la hora de priorizar la continuidad ha provocado una situación en la que muchos parecen haber renunciado por completo a la idea del médico de familia. Es natural que nadie piense mucho en el tipo de médico que desea hasta que la mala salud le obliga a ello, por lo que no es sorprendente que los más jóvenes y sanos no pongan el mismo énfasis en elegir a la persona que les va a tratar, pues ¿quién se preocupa de esas cosas antes de sufrir una crisis? Sin embargo, otra razón más alarmante puede ser que la experiencia de entablar una relación con su médico, y la confianza que esto fomenta, esté desapareciendo de la memoria colectiva. Si alguien nunca ha conocido una buena relación médico-paciente, ¿por qué demonios habría de apreciarla o luchar por ella? ¿Por qué consideraría siquiera que existe alguna alternativa a la asistencia sanitaria entendida como transacción? Ésta era ya la situación antes de la pandemia de la COVID-19, pero, ahora, mientras los políticos debaten sobre las consultas no presenciales y el triaje digital como únicas opciones de aquí en adelante, ese recuerdo del valor de la continuidad y de la confianza construidas por las relaciones personales amenaza con quedar relegado al olvido.

Así pues, si la doctora de este libro le parece a usted una especie de pintoresca pieza de museo, un trasnochado retroceso a una época tan apacible e idílica como el valle en el que vive, considere el porqué. No es porque su práctica clínica esté anticuada, sino todo lo contrario: es porque, en muchos lugares, nos hemos olvidado de esperar, o incluso de querer, médicos como ella.

La sensación de alarma que esto provoca dentro de la atención primaria, cada vez con mayor urgencia desde que estalló la pandemia, ha llevado a reclamar un esfuerzo coordinado para acotar la cuestión con un poco de ciencia numérica pura y dura. Es necesario, han argumentado algunos, realizar ensayos controlados aleatorios sobre la continuidad en la medicina general con vistas a cuantificar los mecanismos que la vinculan a «mejores resultados». Es muy importante que se demuestre que priorizar las relaciones médico-paciente no es simplemente un cálido detalle o un difuso «ojalá», sino que es crucial para una asistencia sanitaria eficaz, así como para la supervivencia a largo plazo del Servicio Nacional de Salud en el Reino Unido. El imperativo aquí no podría ser más categórico. Según las cifras del NHS en Inglaterra, la medicina general ofrece más de trescientos millones de consultas al año, en comparación con los veintitrés millones de visitas a urgencias, mientras que un año de atención en la medicina general por paciente cuesta menos que dos visitas de urgencias al hospital. Dicho de otro modo: si la medicina general fracasa, como decía un artículo del *British Medical Journal* en mayo de 2021, todo el sistema sanitario fallará.

Un artículo médico publicado el mismo mes que el estudio sobre el declive de la continuidad asistencial no sugería un único nexo causal, sino un marco interconectado de los mecanismos que vinculan la continuidad con los resultados sanitarios. Para el lector profano, lo fascinante de este documento es lo evidente que parece todo, cómo cualquiera de nosotros que haya establecido una relación con otra persona, personal o profesional, conoce estos asuntos intuitivamente. Un aspecto fundamental del artículo es un complejo diagrama de lo que sería un flujo efecto-causa beneficioso tanto para el médico como para el paciente. Es difícil hacer justicia con palabras a su encantadora geometría, pero demuestra que la construcción de una relación a lo largo del tiempo fomenta la familiaridad, la empatía, la comprensión, un sentido de la responsabilidad bidireccional, todos ellos ingredientes básicos de la confianza, que a su vez fomenta la apertura, mejora la comunicación, ahorra tiempo, lo cual favorece la cooperación y el empoderamiento, reduce la ansiedad y los errores, mejora la ejecución de las tareas emprendidas en conjunto (en este caso, el diagnóstico, la prescripción, la observancia de los consejos sanitarios, etcétera), todo lo cual contribuye a esos «mejores resultados»: menos hospitalizaciones, menos costes, menor mortalidad. Suena a sentido común. Sin embargo, a la medicina científica aún le queda un largo camino por recorrer para presentarlo de tal forma que los responsables de las políticas sanitarias no puedan ignorarlo.

A modo de ejemplo, resulta increíble que el concepto de «conocimiento acumulado», uno de los mecanismos que vinculan la continuidad asistencial con mejores resultados, no surgiera en la literatura académica hasta 1992, un cuarto de siglo después de la publicación de *Un hombre afortunado*. La idea era que, al tratar y comunicarse con un paciente a lo largo de tiempo, se acumula un conocimiento de ese paciente que a su vez genera confianza, y que ésta mejora la prestación de una buena atención sanitaria. Pensemos en el «conocimiento acumulado» durante las más de tres décadas que el doctor Sassall atendió obsesivamente a su comunidad forestal. O consideremos a la doctora del valle de hoy en día y lo mucho que, en tantas de las historias de este libro, ese «conocimiento acumulado» la ha ayudado a identificar y comprender las vulnerabilidades físicas, sociales y mentales de sus pacientes, y a atender a cada uno de ellos en cuanto personas, y no como meras patologías. Han corrido ríos de tinta sobre la manera en que la biología y la biografía se entrelazan en la práctica de la medicina de familia. Si esto puede cuantificarse y enmarcarse en términos que encajen con el modo en que se configura la política, quizá por fin la ciencia y la historia puedan empezar a trabajar juntas.

Entre el traqueteo del motor de un tractor y el chasquido de los neumáticos en la nieve, el marido de la doctora atraviesa las frías rayas azules del aparcamiento al otro lado de las persianas de la consulta. Ha venido para recogerla, pero antes ella tiene que hacer una visita a domicilio, así que atraviesan el monocromo bosque y suben una empinada colina hasta un grupo de viejos graneros de ladrillo, convertidos hace unos años en una serie de grandes pisos modernos. El tractor resulta más apropiado para el patio exterior que la pulcra hilera de coches cubiertos de nieve y de macetas ornamentales de laurel, cuyas hojas soportan el peso de unos enormes óvalos blancos. Después de la brisa del trayecto que se colaba en la cabina abierta del tractor, parados, el frío aire parece inmóvil, como si la naturaleza contuviera la respiración. Dentro de la casa 2 un hombre agoniza, y no precisamente rápido. Él lo sabe. Y también su mujer. Al principio ambos preguntaban: «¿Cuánto tiempo cree que queda, doctora? ¿Cuánto?». Ya han dejado de hacerlo. La enfermera oncológica local con la que la médica trabaja estrechamente dijo esta mañana que sospechaba que le quedarían otras cinco o seis semanas, pero quiere que la doctora examine algunos síntomas de dolor abdominal. La cortina de una ventana de la planta de arriba se mueve, ella saluda con la mano a la esposa y se pone el EPI que lleva en una bolsa.

El piso es una de esas casas invertidas que a veces se construyen en las pendientes pronunciadas. Se entra por la primera planta y, en este caso, se desciende a una moderna extensión en la parte trasera donde los dormitorios tienen vistas a un jardín improbablemente suburbano y con una plétora de plantas más allá del cual se extiende el bosque, espeso y silvestre.

—¿Eres tú? —pregunta el hombre desde el dormitorio empleando el hipocorístico de la doctora—. Reconocería esas pisadas de elefante en cualquier parte.

—Sí, lo siento, iré de puntillas —se excusa ella—. ¿Te importa si bajo? ¿Tu mujer está preparando el té?

Los enormes pies de la doctora llaman la atención en comparación con el resto de su anatomía, más bien delgada. Cuando era médica residente, en las rondas nocturnas en coronarias las enfermeras solían obligarla a descalzarse al principio del pasillo para evitar que despertara a media ala. Mientras deja el bolso junto a la puerta de la habitación, le cuenta esta anécdota al hombre de cara gris sentado en la cama. Él se ríe, tose y vuelve a reírse. «Tampoco es que tú seas muy grande», dice.

Al final del examen, se sienta y charla unos minutos con el paciente. Está menos angustiado que la última vez. Le dice:

—Creo que lo he aceptado, que estoy en paz, pero mi esposa —hace una pausa— se altera y esas cosas. Me obliga a currármelo para animarla… Y consigue hacerme sentir que soy su marido otra vez, en lugar de este viejo inútil encamado que permite que ella se ocupe de todo.

—Es que es maravillosa… Nunca me has contado cómo os conocisteis.

—En la biblioteca del pueblo. Ella trabajaba los sábados en el mostrador. Yo solía ir cada dos semanas a cambiar mi libro y me parecía tan encantadora que hacía lo posible por acercarme en sábado. Si leo, es gracias a ella.

La doctora se esfuerza por entablar este tipo de conversaciones, si puede, con los enfermos que se acercan al final, a sabiendas de que se avecinan días difíciles para el cónyuge o los hijos que dejan atrás. Suele enviar una tarjeta de pésame cuando fallecen y esas conversaciones a la cabecera de la cama a menudo dan lugar a algo personal y valioso. Empezó a hacerlo espontáneamente hace muchos años con algunos a los que conocía bien, pero con el paso del tiempo quedó claro el valor que se concede a esa pequeña muestra de amabilidad. Mucho después, los pacientes recordarán «aquella bonita tarjeta» que envió cuando falleció su madre; y ahora el equipo de la consulta ha comenzado a fomentarlo. No es raro que la supervisora compre veinte tarjetas que mete en el cajón inferior izquierdo del escritorio de la médica o que una de las recepcionistas diga: «Se habrá acordado de enviar una tarjeta a doña Fulanita...». Este terrible último año, ha habido semanas en las que ha vaciado el cajón. Sin embargo, el valor de ese acto es más profundo incluso que la crisis del momento. La doctora se ha dado cuenta de que ese sencillo gesto en nombre del consultorio hace bien a todos: a los pacientes, a sus familias, pero también a sus compañeras y a la comunidad en general. Consolida la confianza en la institución del consultorio y forja el compañerismo entre distintas generaciones. Es una declaración silenciosa: «Esto es lo que hacemos aquí, en el valle. Así es como somos».

La médica menciona ahora una novela en edición de bolsillo que hace las veces de cuña en la mesilla de noche del moribundo. En la portada, un águila con las garras flexionadas sobrevuela un océano en mitad de una tormenta. La doctora dice que no lo ha leído, pero sí otro del mismo autor y que le gustó.

«¿El primero, ¿verdad?», pregunta el hombre. Ella asiente. «Yo también lo leí. Hace años. Eso sí, disgusté a mi esposa el otro día cuando empecé éste. Me soltó sin darse cuenta: "Déjalo... Tal vez no lo termines". Y entonces se dio cuenta de lo que había dicho y la pobre se puso muy triste. Pero yo le dije: "No te preocupes, mi amor. No es tan bueno"».

Para unos ojos no familiarizados, los bosques que dominan el río semejan un páramo natural, pero ese semblante es engañoso. En realidad, los humanos llevan siglos manipulándolos. De hecho, el valle tiene el aspecto que tiene porque las personas y la naturaleza se han unido para hacerlo así, y su futuro depende de esta relación.

Es fácil echar la vista atrás a los días en que el doctor John asistía a sus pacientes y sentirse asimismo engañado, pues esa atención médica, en apariencia heroica, que él y otros médicos generales de la vieja escuela prestaron en todo el país (como un eminente médico de familia escribió no hace mucho en una carta a la prensa médica), no la prestaron por designio, sino por defecto, por naturaleza, si se quiere. Médicos como el doctor Sassall de Berger, que a menudo trabajaban solos, eran responsables de su pacientes las veinticuatro horas del día y, salvo los festivos, todos los días del año. Así eran las cosas, les gustara o no. En su caso fue una colisión fortuita de temperamento y circunstancias lo que brindó al valle su hombre afortunado. No fue la aplicación de un marco establecido como los del discurso médico contemporáneo: la «atención basada en las relaciones personales», la «relación terapéutica», la «atención centrada en la persona» o la «continuidad relacional». Hoy en día, si consideramos que estas premisas son deseables, no podemos contentarnos con la llegada de un héroe y albergar esperanzas. Es preciso diseñar un sistema que las incluya.

Sin embargo, para el doctor John y sus contemporáneos, la continuidad, y las relaciones de empatía que emanaban de ella, era tan orgánica como las rosas silvestres y las celidonias que crecían en el bosque que había a los pies de su casa. Hasta cierto punto, también lo son para la doctora. El carácter de esta comunidad y el paisaje que la conforma le brinda más oportunidades que a muchos para crear y preservar la confianza, para encontrar propósito e inspiración en las historias de sus pacientes a lo largo del tiempo y de las generaciones. Y en este valle que ella tanto ama. Así es la materia prima con la que ha trabajado para convertirse en la médica que es. Tal vez la naturaleza y el designio hayan confluido. Si se le pregunta qué la convierte en una mujer afortunada, ésta es la respuesta que da.

El canto de los pájaros.

Tras el más largo de los inviernos llega la primavera. Los bosques, en ciernes, tejen un tapiz de trinos, arrullos, gorjeos, gorgoritos y silbidos que todo lo envuelve, reclamos que resuenan cerca y lejos. Es una música tan espacial en lo referente a la acústica que, si la doctora también tuviera alas, echaría a volar dentro del sonido como un gorrión en una imponente catedral. Abajo, el valle cobra vida.

La doctora apoya la bicicleta en la tapia del jardín de su casita de piedra blanca y mira el luminoso paisaje. Muchos de sus pacientes están vacunados, y alrededor de la mitad de sus citas diarias vuelven a ser presenciales. Tiene dos nuevas compañeras y este año empezará a impartir formación a nuevos médicos de cabecera en la consulta. Aunque no sabe lo que le deparará el futuro, se ha encendido una llama de esperanza. Se agacha para asomarse a un agujero de la tapia, de la que se desprendió una piedra hace unas semanas. En su interior hay ahora un nido. Una nueva vida, piensa.

EPÍLOGO

Es una experiencia curiosa narrar una vida que continúa, contar la historia de alguien y que ésta diste mucho de haber terminado. Hacia el final de *Un hombre afortunado*, John Berger se debate con esta misma idea al plantear una serie de preguntas sin respuesta sobre el valor fundamental de la obra del doctor Sassall. «En nuestra sociedad», escribe, «no sabemos reconocer, medir la contribución de un médico corriente en activo. Por "medir" no quiero decir "calcular" según una escala fija, sino, más bien, tomar la medida de esa contribución».

Más de medio siglo después de que Berger escribiera esas palabras a propósito de otro médico corriente que trabajaba en esta hondonada de bosques y agua, de praderas y cielo, la cuestión es tan enigmática como antes. En lo que a mí respecta, no me desvela la imposibilidad de encontrar una respuesta definitiva. El trabajo de la doctora descrito en este libro, como el de Sassall antes que ella, atañe a algo tan fluido y cambiante como el río que discurre entre las casas de ambos. Atañe a la práctica y el proceso de los cuidados, a la naturaleza de la confianza y el flujo y reflujo de las relaciones que la sostienen. Pero he comprendido que la razón para contar su vida es que la humanidad innata de esta profesión, que se daba por sentada en los tiempos del doctor John, no es tan eterna como parecía. Si no medimos su valor, en el sentido tanto de «calcularlo» como de «tomarle la medida», correremos el riesgo de perderlo. Por eso en estos relatos hay algo por lo que luchar.

Así pues, tal vez lo que nos unió a la doctora y a mí fue el paisaje, este valle, los bosques, el río, nuestro hogar. Tal vez fue el libro que resbaló detrás de la estantería familiar hace tantos años; el libro de bolsillo publicado por Penguin, *Un hombre afortunado*, que costaba cuarenta y cinco peniques nuevos o nueve chelines. Tal vez fuera mi madre, mi querida madre, quien compró el libro y luego lo extravió. Murió a los pocos meses de que yo comenzara mi proyecto con la doctora, pero, en una de nuestras últimas conversaciones en la residencia de ancianos en aquellos últimos y nublados días, hablamos de las obras de John Berger, a quien ella admiraba mucho y recordaba con una claridad asombrosa para alguien tan enfermo. Le hablé de mis esperanzas para este libro y me advirtió que seguir los pasos de Berger sería difícil. Tenía razón.

O tal vez, en última instancia, nos unió el propio hombre afortunado, ese atribulado y brillante médico que consagró más de la mitad de su vida a este valle y que luego, desde la ultratumba, me presentó a su sucesora, la mujer afortunada.

Y éste me parece el punto final perfecto.

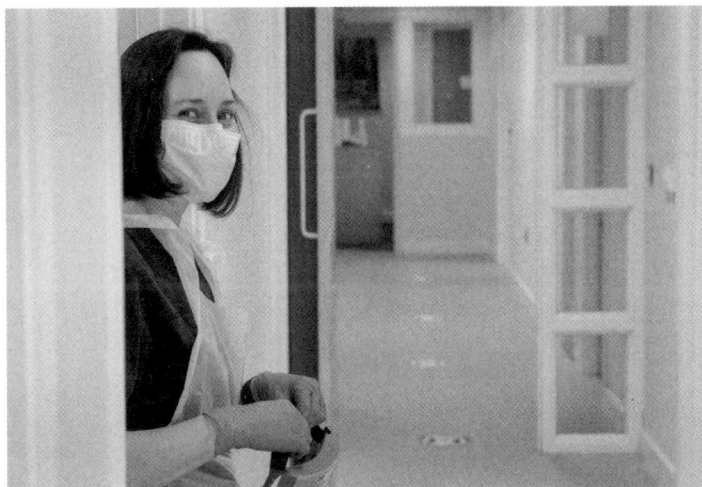

AGRADECIMIENTOS Y FUENTES

Gracias de corazón a mi editor, George Morley, y a mi agente, Patrick Walsh, por creer en este libro desde el principio; también al fotógrafo Richard Baker y a los diseñadores, tanto de las tripas como de la cubierta, Lindsay Nash y Lucy Scholes, por ayudarme a contar la historia con imágenes y con palabras. A todo el equipo de Picador, Salma Begum, Kate Berens, Laura Carr, Marissa Constantinou, Bryony Croft, Camilla Elworthy, Philip Gwyn Jones, Simon Rhodes y Giacomo Russo, magníficos en todo momento, al igual que John Ash, Margaret Halton y Rebecca Sandell, de Pew Literary. También estoy inmensamente agradecida al Royal Literary Fund y a The Society of Authors por su generosidad y apoyo.

Desde conversaciones sobre medicina, el arte o la vida (y algunas veces las tres cosas) hasta comentarios sobre los primeros borradores o ayuda con la ética, las sensibilidades y los aspectos prácticos del proceso de escritura, estoy en deuda con las siguientes personas, que han dado forma a este libro de múltiples maneras: Elizabeth Allen-Williams, Jonathan Axe Sarah Aspinall, Sarah Bagnall, Helen y Ashton Beale, Mandy y Steve Bennett, Jill Berryman, Sandra Bidmead, Rosie Bishop, Andy Brown, Joan Brown, Kathryn Brown, Ruth Brown, Dr. Tony Calland, Maria Church, Jonathan Cope, Bill Creswick, Karen Dack, Roger Deeks, Sandra Down, Lee Elmer, Carol y Simon Eskell, Gary Field, Louise y Andrew Frankel, Harry Josephine Giles, Christine Green, Jason Griffiths, Kathryn Hagg, la doctora Lois Harris, Robin Harris, Rosalind Mary Hawken Beth Hawkins, el doctor Martyn Hewett, Caroline y Charles Hopkinson, Kate Humble, el doctor Jim Huntley, Elizabeth y Kevin Karney, Frank Kemp, la doctora Vivienne Kent, Adrian Levy, Colin Lewis, Simone McCartney, John Meechan, Maxine Morland Karen Newman, Fiona O'Sullivan, la doctora Helen Penny, Lyndsay Price, Cathy Scott-Clark, Val Smith, Tim Stephens, Lucy Tang, John Topp, Amanda Vaughan, Nicolas Webb, Tessa Williams, Ursula Williams, Gemma Wood, George Woodward.

Aunque el proceso documental ha proporcionado la columna vertebral a mi investigación, numerosos libros y documentos médicos han demostrado asimismo ser indispensables. Mi faro, por supuesto, es el libro de John Berger y Jean Mohr, *A Fortunate Man* (Penguin, 1967; *Un hombre afortunado*, Alfaguara, 2008), reeditado en 2015 por Canongate con una nueva y perspicaz introducción de Gavin Francis. Entre otras obras de Berger a las que he recurrido con frecuencia están *Another Way of Telling*

(Bloomsbury, 2016; *Otra manera de contar*, Mestizo, 1997), *The Shape of a Pocket* (Bloomsbury, 2001; *El tamaño de una bolsa*, Taurus, 2004), *Photocopies* (Bloomsbury, 1996; *Fotocopias*, Alfaguara, 2006) y *Understanding a Photograph*, editado y con introducción de Geoff Dyer (Penguin Classics, 2013; *Para entender la fotografía*, GG, 2015). Estoy también en deuda con el ecólogo forestal George Peterken por su extraordinario corpus de erudición sobre el paisaje y a las historias comunitarias recopiladas por William J. Creswick y Julian Wimpenny.

La mayor parte de mis fuentes se refieren a la medicina, entre ellas el clásico de Michael Balint, *The Doctor, his Patient & the Illness* (Churchill Livingstone, 1957), *The Doctor's Communication Handbook*, de Peter Tate (Radcliffe Medical Press, 1994), el monográfico de Iona Heath «The Mystery of General Practice» (The Nuffield Provincial Hospital Trust, 1995), *The Inner Consultation*, de Roger Neighbour (Petroc Press, 1996), *The New Consultation*, de David Pendleton *et al.* (OUP, 2003), y *Using CBT in General Practice*, de Lee David (Scion, 2006), que provocó la revelación de la doctora descrita en la p. 170 de este libro. Me pasé días y semanas entregada a escudriñar cientos de documentos y artículos principalmente del *British Medical Journal*, *The Lancet* y el *British Journal of General Practice*, muchos de los cuales influyeron en las ideas aquí expuestas y a varios de los cuales se hace referencia en el texto. Entre ellos se incluyen: Cerel, J. *et al.*, «How many people are exposed to suicide? Not six», *Suicide and Life-Threatening Behavior* 2018 (en la p. 153); Eby, D., «Empathy

in general practice: its meaning for patients and doctors»,
BJGP 2018; Friedemann Smith, C. *et al.*, «Understanding
the role of GPs' gut feelings in diagnosing cancer in primary care: a systematic review and meta-analysis of exis-
ting evidence», *BJGP* 2020 (en la p. 146); Greenhalgh, T. *et
al.*, «Evidence based medicine: a movement in crisis?», *BMJ*
2014; Haslam, D., «Risky business: the challenge of being
a GP», NICE blog (15 de diciembre de 2014); Hodes, S. *et
al.*, «If general practice fails, the NHS fails», BMJ Blog (14
de mayo 2021) (en la p. 281); Jones, R., «General practice
in the years ahead: relationships will matter more than
ever», *BJGP* 2021; Marshall, M., «The power of trusting relationships in general practice», *BMJ* 2021; Marshall, M. *et
al.*, «The power of relationships: what is relationship-based
care and why is it important?», Royal College of General
Practitioners Report 2021 (en la p. 108); McWhinney, I. R.,
«The importance of being different», The William Pickles
Lecture 1996; Pereira Gray, D. *et al.*, «The worried well»,
BJGP 2020 (en la p. 166); Pereira Gray, D. *et al.*, «Covid
19: a fork in the road for general practice», *BMJ* 2020 (en
las pp. 250-1); Pereira Gray, D. *et al.*, «Continuity of care
with doctors — a matter of life and death? A systematic
review of continuity of care and mortality», *BMJ* 2018 (en
la p. 188); Sandvik, H. *et al.*, «Continuity in general practice as predictor of mortality, acute hospitalisation, and
use of out-of-hours care: a registry-based observational
study in Norway», *BJGP* 2022 (en la p. 188); Sidaway-Lee,
K. *et al.*, «A method for measuring of continuity of care
in day-to-day general practice: a quantitative analysis of

appointment data», *BJGP* 2019; Tammes, P. *et al.*, «Is continuity of primary care declining in England? Practice-level longitudinal study from 2012 to 2017», *BJGP* 2021 (en la p. 280); Varnam, R., «Changes in patient experience associated with growth and collaboration in general practice», *BJGP* 2021 (en la p. 290); Warren, E., «Time for a little self-love?», *BJGP* 202 I.

Éste es un libro sobre las relaciones y las familias, y nosotros, la doctora, el fotógrafo y yo, no podríamos haber dedicado tanto tiempo a él sin el amor y la tolerancia de las nuestras: Henry, Tessa, Sam, Milo y Freddie; Gavin, Kathy, Will y Archie; Lynda, Sam y Ella.

Mi último agradecimiento va dirigido a la propia doctora y al médico que la inspiró, el «hombre afortunado» de Berger, con quienes estoy en deuda. Contar su historia ha sido para mí el mayor de los privilegios.

Una mujer afortunada es el centésimo tercer libro de la colección El Pasaje de los Panoramas. Compuesto en tipos Dante, se terminó de imprimir en los talleres de KADMOS por cuenta de ERRATA NATURAE EDITORES en septiembre de 2024, tres años después de que falleciera Joralf Gjerstad —más conocido en Snåsa, su aldea natal en el norte de Noruega, en la que vivió casi cien años, como «Joralf el de las manos cálidas»—, un hombre que tras recibir cinco años de escolarización trabajó primero en la lechería local y más tarde como campanero, mientras estudiaba Medicina de manera autodidacta, escribía diversos libros de historia local y su compromiso social y político lo llevaba a desarrollar innumerables campañas de apoyo para personas enfermas y a convertirse en alcalde de su localidad por el Partido Laborista… hasta que, tras décadas rechazando el poder de clarividencia y curación mediante las manos que comenzó a sentir desde niño, decidió aceptar su capacidad y así sanó a miles y miles de personas, convirtiéndose en una figura pública en todo el país y recibiendo en 2001 la Medalla de Plata al Mérito Civil otorgada por el rey de Noruega por su labor paramédica.